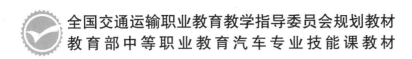

全国交通运输职业教育教学指导委员会规划教材
教育部中等职业教育汽车专业技能课教材

Qiche Banjin Gongyi
汽车钣金工艺

全国交通运输职业教育教学指导委员会
中国汽车维修行业协会   组织编写
　　　　　　　林育彬　主　编
　　　臧联防　王　林　副主编

人民交通出版社股份有限公司
China Communications Press Co.,Ltd.

内 容 提 要

本书是全国交通运输职业教育教学指导委员会改革规划教材,主要介绍了安全防护、钣金手工成型、钣金修理、钣金更换、车身测量、车身校正及车身防腐共7个项目,20个学习任务。

本书既可作为中等职业学校汽车专业教材,也可以作为职业技能培训和其他从事相关专业人员的参考书。

图书在版编目(CIP)数据

汽车钣金工艺 / 林育彬主编. —北京:人民交通出版社股份有限公司, 2017.3

全国交通运输职业教育教学指导委员会规划教材. 教育部中等职业教育汽车专业技能课教材

ISBN 978-7-114-12466-2

Ⅰ.①汽… Ⅱ.①林… Ⅲ.①汽车—钣金工—中等专业学校—教材 Ⅳ.①U472.4

中国版本图书馆 CIP 数据核字(2015)第 203605 号

书　　　名:	汽车钣金工艺
著　作　者:	林育彬
责任编辑:	李　斌
出版发行:	人民交通出版社股份有限公司
地　　　址:	(100011)北京市朝阳区安定门外外馆斜街 3 号
网　　　址:	http://www.ccpress.com.cn
销售电话:	(010)59757973
总 经 销:	人民交通出版社股份有限公司发行部
经　　　销:	各地新华书店
印　　　刷:	北京市密东印刷有限公司
开　　　本:	787×1092　1/16
印　　　张:	16
字　　　数:	350 千
版　　　次:	2017 年 3 月　第 1 版
印　　　次:	2017 年 3 月　第 1 次印刷
书　　　号:	ISBN 978-7-114-12466-2
定　　　价:	37.00 元

(有印刷、装订质量问题的图书由本公司负责调换)

编审委员会

主　　任：王怡民(浙江交通职业技术学院)

副 主 任：刘建平(广州市交通运输职业学校)　　杨经元(云南交通技师学院)
　　　　　赵　琳(北京交通运输职业学院)　　　张京伟(中国汽车维修行业协会)
　　　　　陈文华(浙江交通职业技术学院)　　　王凯明(中国汽车维修行业协会)

特邀专家：朱　军(中国汽车维修行业协会)　　　魏俊强(北京祥龙博瑞汽车服务有限公司)
　　　　　张小鹏(庞贝捷漆油(上海)有限公司)　刘　亮(麦特汽车服务股份有限公司)

委　　员：(按姓氏笔画排序)
　　　　　毛叔平(上海市南湖职业学校)　　　　王　健(贵阳市交通技工学校)
　　　　　王彦峰(北京交通运输职业学院)　　　王　强(贵州交通职业技术学院)
　　　　　占百春(苏州建设交通高等职业技术学校)　刘新江(四川交通运输职业学校)
　　　　　刘宣传(广州市公用事业技师学院)　　齐忠志(广州市交通运输职业学校)
　　　　　吕　琪(成都工业职业技术学院)　　　李　青(四川交通运输职业学校)
　　　　　李雪婷(成都汽车职业技术学校)　　　李春生(广西交通技师学院)
　　　　　李文慧(新疆交通职业技术学院)　　　李　晶(武汉市东西湖职业技术学校)
　　　　　陈　虹(浙江交通技师学院)　　　　　陈文均(贵州交通技师学院)
　　　　　陈社会(无锡汽车工程中等专业学校)　张　炜(青岛交通职业学校)
　　　　　杨永先(广东省交通运输高级技工学校)　杨承明(杭州技师学院)
　　　　　杨建良(苏州建设交通高等职业技术学校)　杨二杰(四川交通运输职业学校)
　　　　　陆松波(慈溪市锦堂高级职业中学)　　何向东(广东省清远市职业技术学校)
　　　　　邵伟军(杭州技师学院)　　　　　　　周志伟(深圳市宝安职业技术学校)
　　　　　林育彬(宁波市鄞州职业高级中学)　　易建红(武汉市交通学校)
　　　　　林治平(厦门工商旅游学校)　　　　　胡建富(浙江交通技师学院)
　　　　　赵俊山(济南第九职业中等专业学校)　赵　颖(北京交通运输职业学院)
　　　　　荆叶平(上海市交通学校)　　　　　　郭碧宝(广州市交通技师学院)
　　　　　姚秀驰(贵阳市交通技工学校)　　　　崔　丽(北京市丰台区职业教育中心学校)
　　　　　曾　丹(佛山市顺德区中等专业学校)　蒋红梅(重庆市立信职业教育中心)
　　　　　喻　媛(柳州市交通学校)

秘 书 组：李　斌　翁志新　戴慧莉　刘　洋(人民交通出版社股份有限公司)

前言 Preface

为深入贯彻落实全国职业教育工作会议精神和《国务院关于加快发展现代职业教育的决定》，促进职业教育专业教学科学化、标准化、规范化，教育部组织制定了《中等职业学校专业教学标准（试行）》。全国交通运输职业教育教学指导委员会具体承担了汽车运用与维修（专业代码082500）、汽车车身修复（专业代码082600）、汽车美容与装潢（专业代码082700）、汽车整车与配件营销（专业代码082800）4个汽车类专业教学标准的制定工作。

根据教育部《关于中等职业教育专业技能课教材选题立项的函》（教职成司函[2012]95号）文件精神，人民交通出版社申报的上述4个汽车类专业技能课教材选题成功立项。

2014年10月，人民交通出版社联合全国交通运输职业教育教学指导委员会、中国汽车维修行业协会在北京召开了"教育部中等职业教育汽车专业技能课教材编写会"，并成立了由全国交通运输职业教育教学指导委员会领导、中国汽车维修行业协会领导、知名汽车维修专家及院校教师组成的教材编审委员会。会上，确定了4个汽车类专业34本教材的编写团队及编写大纲，正式启动了教材编写。

教材的组织编写，是以教育部组织制定的4个汽车类专业教学标准为基本依据进行的。教材从编写到成稿形成以下特色：

1. "五位一体"的编审团队。从组织编写之初，就本着"高起点、高标准、高要求"的原则，成立了由国内一流的院校、一流的教师、一流的专家、一流的企业、一流的出版社组成的五位一体的编审团队。

2. 精品化的内容。编审团队认真总结了中职院校的优秀教学成果，结合了企业的职业岗位需求，吸收了发达国家的先进职教理念。教材文字精炼、插图丰富，尤其是实操性的内容，配备了大量实景照片。

3. 理实一体的编写模式。教材理论内容浅显易懂，实操内容贴合生产一线，将知识传授、技能训练融为一体，体现"做中学、学中做"的职教思想。

4. 覆盖全国的广泛适用性。本套教材充分考虑了全国各地院校的分布和实际情况，涉及的车型和设备具有代表性和普适性，能满足全国绝大多数中职院校的实际需求。

5. 完善的配套。本套教材包含"思考与练习""技能考核标准"，并配有电子课件和微视频，以达到巩固知识、强化技能、易教易学的目的。

《汽车钣金工艺》是本套教材中的一本。与以往同类教材相比，本书以汽车车身的碰撞修复工艺为主线，并以任务驱动形式，将修复工艺主线分断进行讲述，内容主要包括安全知识、钣金手工成型、钣金修理、钣金更换、车身测量、车身校正及车身防腐，共7个项目，20个学习任务。适合中职学校在新教改背景下的车身修复专业学生学习，整个学习过程即可相互链接，也可根据各学校的教学条件单独选择。

本书的编写分工为：宁波市鄞州职业高级中学的林育彬编写了本书的项目二、项目三、项目四，宁波市智慧汽车运用与技术研究中心的臧联防编写了项目六、项目七，宁波市鄞州职业高级中学的王林编写了项目一、项目五。全书由宁波市鄞州职业高级中学的林育彬担任主编。

限于编者水平，书中难免有不当之处，敬请广大院校师生提出意见建议，以便再版时完善。

编审委员会
2016 年 3 月

目录

项目一　安全知识 ··· 1
　　学习任务1　车间修理安全知识 ·· 1
　　学习任务2　安全防护知识 ··· 8
项目二　钣金手工成型 ··· 17
　　学习任务3　钣金件的展开与放样 ································· 17
　　学习任务4　钣金下料知识 ··· 29
　　学习任务5　钣金手工成型 ··· 39
　　学习任务6　前翼子板局部手工成型 ······························ 52
项目三　钣金修理 ·· 64
　　学习任务7　手工整形 ·· 64
　　学习任务8　外形修复机整形 ·· 78
　　学习任务9　组合修复工具整形 ····································· 89
　　学习任务10　车门表面修复 ·· 99
项目四　钣金更换 ·· 111
　　学习任务11　车身分离工艺 ·· 111
　　学习任务12　车身连接工艺 ·· 127
　　学习任务13　后翼子板更换 ·· 151
项目五　车身测量 ·· 164
　　学习任务14　机械式测量 ·· 164
　　学习任务15　电子式测量系统 ···································· 178
项目六　车身校正 ·· 189
　　学习任务16　地框式校正 ·· 189
　　学习任务17　传统台架式校正 ···································· 200
　　学习任务18　模具式台架校正 ···································· 213
　　学习任务19　前纵梁校正 ·· 226
项目七　车身防腐 ·· 237
　　学习任务20　钣金表面防腐 ·· 237
参考文献 ·· 248

项目一　安　全　知　识

学习任务1　车间修理安全知识

学习目标

★ 知识目标

1. 了解车身维修车间要做哪些工作及工作区域的详细划分；
2. 熟悉车身修复车间电路、气路及消防设备的布置；
3. 掌握车身修复车间内如何安全驾驶车辆；
4. 掌握如何预防车身修复车间发生火灾。

★ 技能目标

1. 熟悉车身修复车间如何布置电路、气路；
2. 熟悉车身修复车间车辆行驶安全及消防安全知识；
3. 掌握车身修复车间电路、气路的日常维护及消防设备的正确使用方法。

建议课时

1课时。

任务描述

在汽车修理车间，不管是焊接、打磨羽状边、车身校正还是使用其他设备或工具时，都难免会有安全隐患。这些隐患都会对身体造成伤害，严重的会危及生命安全，所以维修人员应该熟悉车间安全知识及掌握如何防护自身安全。

一 理论知识准备

（一）车身修复车间布局

车身修复俗称汽车钣金修复，车身修复工作区域主要是完成车辆的表面、车架及内饰的修复工作，一般分为钣金加工检查工位、钣金加工校正工位、车身校正工位和材料存放工位等。钣金加工检查工位主要用于对事故车进行检查，确认损坏的零部件，以及需要更换的零部件；钣金加工校正工位主要用于对事故车碰撞区域零部件的拆装、修复、更换及装配等工作；车身校正工位主要用于针对事故车碰撞区的附件拆装、车身测量、车身校正、板件更换及装备调整等工作；材料存放区主要用于存放需要更换的新配件及损坏的零部件等工作，车间布局如图1-1所示。

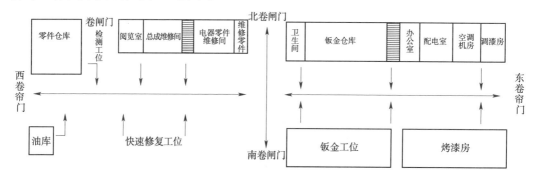

图1-1 车身修复车间布局示意图

图1-2 车身校正工位

车身测量、车身切割、车身焊接、车身装配、车身调整工作都要在车身校正平台上完成，车身校正工位是整个车身修复工作区最为重要，同时也是完成工作最多的地方，这个工位一般要放置一台车身校正平台，该平台的长度通常为5~6m，宽度通常为2~2.5m。为了能够有足够大的操作空间，车身校正平台至少要比其他工位宽出2m的操作空间，它的工位长度通常为8~10m，宽度通常为5~6.5m，如图1-2所示。

（二）电路、气路的布置

车身修复车间最为重要的是电路和压缩空气两个要素，所以电路和气路的布置是否安全、合理就尤为重要。

车身修复车间的压缩空气压强一般是0.5~0.8MPa。每个工位都设置一组用气接口，每组都有2~3个接口，一般接口离地面的高度不超过1m。车身修复过程中对压缩空气的质量要求很高，需要在出气口安装油水分离器，分离压缩空气中的水、油或其他杂质。在使用压缩空气前需要将油水分离器进行排水、除污，而且要定期的更换滤芯。长期不排水或者不更换滤芯会导致送气管道老化、气动工具或设备的损坏,从而减少工具或设备的使用周期,车间气路布置如图1-3所示。

车身修复过程中用电量最大的是车身焊接,比如:惰性气体保护焊、电阻电焊等。在车身修复的每个工位都应设置2~3个插座,插座口包括二相插口、三相插口、三相四线插口,而且每个岗位都应该保证正确接地。车身修复车间的电压一般为220V或380V,惰性气体保护焊和电阻电焊在焊接过程中的电流没有固定值,焊接时电流大小是根据金属板的厚度来确定的,见表1-1。

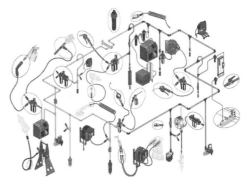

图1-3 钣喷车间气路布置示意图

焊接电流调整表　　　　　　　　　表1-1

焊丝直径(mm)	0.6			
金属板厚度(mm)	0.6	0.8	1.0	1.2
焊接电流(A)	15~25	25~35	35~45	45~60

(三)车间安全

修理车间内大多数安全事故都是由于人员操作不当造成的。为了避免车间内出现安全事故,应注意下列几点:

(1)在车间内驾驶车辆时应该打开车窗,以保证能听到同事的提醒或引导。

(2)车辆在车间内时应该按照规定的路线行驶。

(3)驾驶车辆时应该时刻注意前方的视线,以保证车辆的安全行驶。

(4)车辆停止后一定要拉紧驻车制动,以免车辆溜滑造成不必要的损伤。

(5)车间所有电源都应正确接地,要定期检查电路是否存在破损、老化等现象,一旦发现应及时更换。

(6)维修电动设备和电动工具前要确保已断开电源。

(7)维修前应对地面进行清扫,确保干净、无水迹和油渍。

(8)车间内不允许追逐、打闹,车间内设备及车辆数量众多,与其碰撞会对人身造成伤害。

车身修理车间在修理过程中经常会产生高热量物体、明火,容易发生火灾。燃烧的三个基本要素是热量、易燃物和氧气,三要素只要缺少一项就能熄灭火源,防止火灾发生。发生火灾时,不要打开门窗,防止空气流动使火势变大。车间内要配备水源、灭火器等,灭火器要放置在固定的位置。使用者要熟悉使用灭火设备的方法,比如:灭火器是通过给火源降温并隔绝空气来达到灭火的目的,使用灭火器时应站在距离火源2~3m处,拔下手柄上的保险销,握住灭火器将喷嘴对准火焰根部捏住压把,使灭火器喷入火焰根部将其熄灭。使用后要及时加注灭火剂,并要定期检查。灭火器的正确使用方法如图1-4所示。

汽车钣金工艺

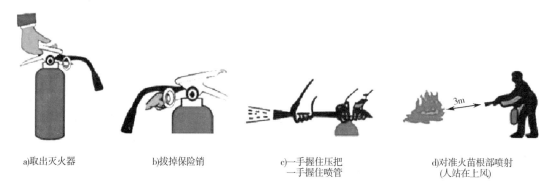

a) 取出灭火器　　　b) 拔掉保险销　　　c) 一手握住压把　　　d) 对准火苗根部喷射
　　　　　　　　　　　　　　　　　　　　一手握住喷管　　　　　（人站在上风）

图1-4　灭火器的正确使用方法

（四）安全作业

通常，修理车身时会使用各种电动设备、气动设备及操作平台等设备，存在许多危险因素，比如移动零件、重物体、易燃物质、酸、有害气体、高电压和高温等，为避免作业时出现安全事故，操作人员应做到如下几点：

（1）在维修前应该将点火开关旋转到关闭位置，如图1-5所示。断开蓄电池负极，以免造成车辆用电器和线路的损坏。

（2）使用设备或工具前要详细阅读使用说明书，充分了解使用方法和注意事项。

（3）使用车辆举升机前要详细阅读使用说明书。操作时人员应站在举升机的侧面操作，举升到15cm时停止举升，按压车辆前后位置，确认车辆是否平稳，如果听到异响或者感觉晃动，应降下车辆并重新调整车辆位置，然后举升。车辆完全举起后，锁住举升机安全钩后才能到车底进行作业。车辆举升时要确保车内没有人员乘坐。正确举升位置如图1-6所示。

图1-5　点火开关　　　　　　　　图1-6　举升机正确举升位置
OFF-全车电路断开；ACC-附属设备用电挡；
ON-全车电路打开；ST-发动机起动挡

（4）金属板表面处理过程中，会出现微尘和有毒化学气体，为了避免对眼睛、皮肤、肺部的接触，操作前应佩戴相应的防护用品，如：护目镜、橡胶手套、工作服及呼吸器等防护用品。

（5）用压缩空气清洁时，压力值应保持在0.5MPa以下。压缩空气绝对不能用于来清理衣物和身体，以防止铁屑、有毒微尘进入身体内。

（6）使用氧乙炔切割时，应确保管道与气瓶、设备的正确连接，防止漏气产生安全事故。

(7)搬运或抬起物体时,应弯曲膝部而不能弯曲腰部,以免造成腰部受伤。搬重物时,必须借助搬运设备进行搬运。

(8)作业时不要把螺丝刀、自攻螺钉、凿子或者其他尖锐的工具放进口袋内,以免其对自己身体或汽车车身造成损害。

(9)使用活络扳手时,最好不要使用"推"的动作,如果使用"推"的动作,万一从紧固件上脱落,容易对使手造成伤害。

(10)使用动力工具时,不要超出其额定功率,否则可能造成人员的伤害和车辆、物品的损伤。

(11)要按照技师工作要求穿戴,摘掉戒指、手镯、项链、手表和其他饰物,这些物品易被绞进发动机的风扇、皮带和传动轴中,造成严重的伤害。

(12)工作前一定要系紧袖口并固定长发,以免被卷进旋转的机器中。

(五)车间7S管理

1 7S的起源

5S起源于日本,是指在生产现场对人员、机器、材料、方法等生产要素进行有效管理。日本最开始只推行了2S,也就是整理、整顿,其目的只是为了确保作业空间和安全。后因生产和品质控制的需要又逐步提出了3S,也就是清扫、清洁、修养,从而使应用空间及适用范围进一步拓展,后来在各企业运用5S管理的过程中,根据各行业的需求,基于5S的基础上增加了安全、节约两个部分形成7S,进一步加宽对现场管理的范畴,见图1-7。

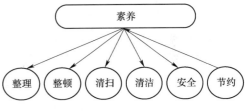

图1-7 7S管理

2 7S管理的内容

7S的具体管理内容如图1-8所示。

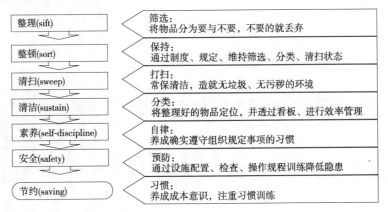

图1-8 管理内容

实施7S管理能有效保证企业良好的工作环境,培养员工良好的工作习惯和严明的工作纪律,提升品牌形象与企业形象,提高工作效率,保证维修质量,减少浪费、节约物料成本和时间成本,有效防范风险,确保员工人身安全,避免企业财产损失。

二 任务实施

❶ 准备工作

为了让学生更加直观和详细地了解汽车4S修理店修理车间如何布局、维修工位如何布置、电路如何布置、压缩空气管路如何布置,应该到汽车4S修理店进行实地参观,了解车间维修人员是怎样进行安全生产的。

❷ 技术要求与注意事项

(1)学生在参观时要遵守车间的规章制度。

(2)车间内所有车辆、设备、工具及材料都不得随意移动和触碰。

(3)仔细观察车身修复车间的布局、电路布置和压缩空气的布置。

(4)仔细观察工作人员如何进行安全的操作。

❸ 操作步骤

1. 钣金加工检查工位 提示: 主要用于对事故车的检查,确认损坏的零部件,及需要更换的零部件	
2. 钣金加工校正工位 提示: 主要用于对事故车碰撞区域零部件的拆装、修复、更换及装配等	
3. 钣金校正工位 提示: 主要用于针对事故车碰撞区的附件拆装、车身测量、车身校正、板件更换及装备调整等	
4. 材料存放工位 提示: 主要用于存放需要更换的新配件及损坏的零部件等	

三 评价与反馈

❶ 自我评价

(1)通过本任务的学习你是否已经掌握以下内容：

①车身修复车间工作区的具体布局是怎么样的？

_____

_____

②7S管理规范的起源是什么？

_____

③如何正确使用灭火器？

_____

④在进行举升作业时该如何安全操作？

_____

(2)实训过程完成情况如何？

_____

(3)通过本任务的学习,你认为自己的知识和技能还有哪些欠缺？

_____

签名：_____　　　_____年___月___日

❷ 小组评价

序号	评 价 项 目	评 价 情 况
1	着装是否符合要求	
2	是否能合理规范地使用仪器和设备	
3	是否按照安全和规范的流程操作	
4	是否遵守学习、实训场地的规章制度	
5	是否能保持学习、实训场地整洁	
6	团结协作情况	

参与评价的同学签名：_____　　　_____年___月___日

❸ 教师评价

_____

_____

_____

_____

教师签名：_____　　　_____年___月___日

四 技能考核标准

车间修理安全知识考核表
满分100分　考核时间为15min

序号	项目	操作内容	规定分	得分
一	安全防护	是否穿了工作服	5	
		是否穿了安全鞋	5	
		是否戴了安全帽	5	
二	车间安全及规章制度	进入车间前是否阅读过车间安全知识	10	
		进入车间后是否遵守车间的规章制度	10	
		进入车间后近距离参观是否佩戴安全防护用具	10	
三	车间的布局	绘制出车间布局的草图	15	
		口述电路如何布置	10	
		口述压缩空气管路如何布置	10	
四	车间7S管理	是否大声吵闹	5	
		是否乱扔垃圾	5	
		参观车间时是否遵守纪律	5	
		是否移动了车间内的设备、工具、材料	5	
		总分	100	

教师签名：

学习任务2　安全防护知识

 学习目标

⭐ **知识目标**

1. 了解在操作中哪些防护不当会对身体造成伤害；
2. 熟悉各类防护用具的功能和使用方法；
3. 掌握防护用具的使用和维护方法。

⭐ **技能目标**

1. 掌握各类防护用具的功能和区别；
2. 掌握如何使用不同的防护用具。

 建议课时

1课时。

焊接作业时会产生焊接烟尘;打磨原漆面或者羽状边作业时会产生有毒粉尘;对焊接部位进行防锈处理时会产生有毒气体;修理车身时可能会造成身体的伤害。上述伤害有可能是短时间的,也有可能是永久性的,所以在进行维修时,操作人员一定要使用相应的防护用品,以免对身体造成伤害。

一 理论知识准备

(一)身体的基本防护

身体的防护用品主要有工作服、绝缘鞋、棉丝手套以及工作帽,这些防护用品主要用于身体外部的防护,以免对身体造成伤害。见表2-1。

身体防护用品　　　　　　　表2-1

名　称	图　示
工作帽	
绝缘鞋	
棉丝手套	
工作服	

❶ 工作服

车间内工作时应穿着合身的工作服,不能穿着宽松的衣服、未系袖口的衬衫、松垂的领带并且不能披着衣服。衣服应该远离发动机等运动部位,宽松、下垂的衣物有可能被卷入运动部件造成严重的身体伤害。工作时不得佩戴戒指、手镯、项链、手表和其他饰物。

❷ 绝缘鞋

使用120V和240V电压的设备都有可能引起触电,当电流穿过人的身体时,可以引起严重的伤害甚至致死。当使用电动工具、电动设备时应穿戴专业的绝缘手套和绝缘鞋,以免触电对身体造成伤害。

❸ 棉丝手套

操作前需要佩戴棉丝手套,以免在操作中划伤手。

❹ 工作帽

对车辆开始工作之前一定要将头发固定在工作帽中,否则散发可能会被绞进运动部件或气动工具内,导致扯下或切断头发的事故发生;另外为防止被灰尘或漆雾污染,保持头发的清洁和健康,在工作区内应佩戴工作帽,在喷漆房内要佩戴弹性兜帽。

(二)焊接的防护

焊接中会有高温飞溅物和紫外线,为了防止这些伤害身体,我们应该佩戴以下防护用具:

1 焊接呼吸器

焊接呼吸器上有一个特殊的滤筒,用来过滤焊接烟尘。当焊接具有良好防锈性的镀锌钢材时,产生的焊接烟尘最具危害性。专用焊接呼吸器如图2-1所示。

2 焊接面罩

焊接面罩主要是在焊接时用于眼睛和头部的防护。焊接面罩上装有一块深色玻璃的焊接面罩插片,用于保护眼睛免受紫外线的烧灼。透过面罩插片观察焊接时产生的紫外线就会变色,插片玻璃颜色越深,防护效果越好,如图2-2所示。

a)简易焊接面罩　　b)带呼吸器的专业焊接面罩

图2-1　专用焊接呼吸器　　　　图2-2　焊接面罩

3 焊接防护毯

焊接防护毯是用防火织物制成的厚遮盖布,用来保护车辆表面,使其免受热源、火星和飞溅的焊渣的破坏,如图2-3所示。焊接防护毯应置于喷漆表面、玻璃、车内装饰件、暴露的塑料件以及任何可能受到焊接损坏的表面上。如果含有融化金属粒子的焊渣溅落在玻璃上,玻璃就会被点蚀,使玻璃受到严重的损坏。

a)焊接时车身防护　　　　b)打磨时车身防护

图2-3　焊接防护毯

如果电子装置距离电弧过近,焊接热量会使电子部件过热并将其烧毁。因此,不要将焊接电缆和焊接机地线夹放置在电子装置附近。

4 焊接专用工作服

焊接操作前操作人员都要穿上焊接专用工作服,这种工作服的特点是能吸湿排汗、耐磨、耐高温、防火花。焊接时，能使对身体免疫伤害。焊接专用工作服一般为牛皮或纯棉布制成，如图 2-4 所示。

5 焊接手套

焊接时会产生高温、高温飞溅物及辐射，在焊接时一定要佩戴焊接手套。它的特点是耐磨损、抗刀割、防火、隔热、阻挡辐射，同时有一定的绝缘性能。焊接种类不同，所产生的危害也不同，根据焊接种类的不同一般焊接手套分为短焊接手套和普通焊接手套，如图 2-5 所示。

6 焊接护腿

为了防止焊接时产生的高温飞溅物掉落在腿上和脚上，造成烫伤，焊接时，操作人员一定要佩戴焊接护腿。焊接护腿的特点是防火、隔热、耐磨等。焊接的腿部防护用品，一般包括焊接护脚和焊接护膝，平常统称为焊接护腿，如见图 2-6 所示。

图 2-4　焊接专用工作服

a)短焊接手套　　b)普通焊接手套

图 2-5　焊接手套

a)焊接护脚　　b)焊接护漆

图 2-6　焊接护腿

（三）磨削的防护

车身修复中，经常会使用到各类打磨机以去除旧气模和打磨修复过程中产生的氧化点，打磨时会产生大量的粉尘、金属粉末和高强度噪声，为了减少这些危害操作人员应该佩戴以下防护用具。

1 呼吸系统防护

防尘呼吸器是一种罩在鼻子和嘴上的纸质过滤器，以阻挡通过空气传播的微粒。使用呼吸器能够避免有害的粉尘粒子进入鼻腔、咽喉和肺。防尘呼吸器应当在打磨、研磨或用吹风机吹净脏污板件时佩戴。防尘呼吸器根据防护等级的不同，一般可分为三种形式，如图 2-7 所示。

2 耳部防护

耳罩是一种听觉系统的保护装置，在进行打磨或其他产生高分贝噪声环境下工作时，应佩戴耳罩保护耳膜不受高分贝噪声的损害。耳部防护用品一般分有两种，如图 2-8 所示。

汽车钣金工艺

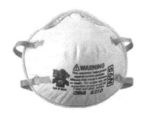  

a)简易式呼吸器　　　　b)滤筒式呼吸器　　　　c)全封闭式呼吸器

图 2-7　呼吸器系统防护用品

a)耳罩　　　　　　　　　　b)耳塞

图 2-8　耳部防护用品

❸ 风镜

风镜又叫防护镜,如图 2-9 所示。是一种对眼部全封闭保护的眼镜,主要是在打磨或者处理可能会对眼睛有伤害的环境下工作时佩戴。用于打磨防护,主要是防止打磨粉尘进入眼睛,造成伤害。

 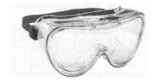

a)半封闭式防护镜　　　　　　　b)全封闭式防护镜

图 2-9　防护镜

(四)切割的防护

在进行车身板件更换操作时,常会使用气动式切割机分离车身上已损坏的部件,在切割过程中会产生大量的金属切屑和高分贝的噪声,为了防止这些伤害身体应该佩戴以下防护用具。

❶ 耳罩

耳罩是一种听觉系统的保护装置,在进行切割或其他产生高分贝噪声环境下工作时,应佩戴耳罩以保护耳膜不受高分贝噪声的损害。

❷ 透明面罩

在使用切割锯进行金属材料切割时会产生大量的飞溅铁屑,所以在操作前需要佩戴透明面罩,以免金属粉尘飞溅到眼睛里造成伤害,铁屑对皮肤表面也会产生伤害,面罩如

图 2-10 所示。

（五）校正拉伸的防护

拉伸校正通常是在车架校正机平台上完成的，它是通过液压设备产生巨大的拉伸力来校正损坏部位的。如果正处在拉伸状态下的固定部位脱落或断裂，就会对人身产生巨大伤害，所以在进行拉伸时，工作人员不能站立在车架校正机的拉塔后方，以免受到伤害。汽车底盘装有许多零部件，在安装测量头或者连接拉伸点时，需要对头部进行保护，防止受到伤害。进行拉伸操作前，需要佩戴安全防护用具。

1 安全帽

佩戴安全帽主要是防止在进行拉伸点连接或者安装测量点时，头部受到零部件的擦伤，如图 2-11 所示。

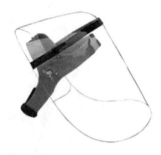 

图 2-10　透明面罩　　　　　图 2-11　安全帽

2 风镜

车辆长期行驶过程中，底盘会黏附大量的泥土或油液。在进行底盘操作时，为了防止这些泥土或者油液滴落到眼睛里，需要佩戴护目镜。

二 任务实施

1 准备工作

（1）安全防护用品 1 套（工作服、绝缘鞋、棉丝手套、工作帽、焊接面罩、焊接防护毯、焊接呼吸器、焊接手套、焊接专用衣服、焊接护腿、防尘呼吸器、耳罩、风镜、透明面罩、安全帽）。

（2）焊接工位 1 个（焊机、材料）。

（3）外形修复工位 1 个（外形修复机、车门）。

（4）切割工作台 1 个（气动切割机、厚度 1mm 金属板 1 块）。

（5）车身校正工位 1 个（车架校正机平台）。

2 技术要求与注意事项

（1）进入工厂前应该穿戴基本的防护用具，比如：工作服、工作帽、绝缘鞋、棉丝手套。

（2）在使用气动打磨机前，详细阅读操作说明书，佩戴相应的安全防护用具，防止操作过程中有毒颗粒、气体、高分贝噪声伤害人身。

（3）在使用气动切割机前，详细阅读操作说明书，佩戴相应的安全防护用具，防止操

作过程中有金属粉尘、高分贝噪声伤害人身。

（4）在进行车架校正工作前，应详细阅读车架校正平台及拉伸设备的详细使用方法，佩戴相应的安全防护用具，以免在操作过程中对人体造成严重伤害。

（5）在焊接过程中，应将焊接参数调节到适合的挡位，防止出现烧穿的现象出现。另外，在焊接之前应穿戴专用的防护用具，否则会对人体造成伤害。

❸ 操作步骤

1. 穿戴基本防护用具 提示： 基本防护用具有：工作服、棉丝手套、绝缘鞋、工作帽	
2. 穿戴焊接时的专用防护用具 提示： 焊接的基本防护用具有：焊接头盔、焊接专用衣服、护腿、焊接手套	
3. 穿戴切割时的防护用具 提示： 切割的防护用具有：耳罩、风镜、棉丝手套	
4. 穿戴磨削的防护用具 提示： 磨削的防护用具有：耳罩、风镜、口罩、棉丝手套	
5. 穿戴拉伸校正时的防护用具 提示： 拉伸校正的防护用具有：安全帽、风镜、棉丝手套	

三 评价与反馈

1 自我评价

(1) 通过本任务的学习你是否已经掌握以下内容：

① 车身校正时应佩戴哪些防护用具？操作时应注意哪些事项？

② 磨削时应佩戴哪些防护用具？

③ 切割时应佩戴哪些防护用具？

④ 焊接时应佩戴哪些防护用具？

⑤ 在进行操作前，应佩戴的基本防护用具有哪些？

(2) 惰性气体保护焊操作过程中用到了哪些设备？

(3) 实训过程完成情况如何？

(4) 通过本任务的学习，你认为自己的知识和技能还有哪些欠缺？

签名：_____ _____年____月____日

2 小组评价

序号	评价项目	评价情况
1	着装是否符合要求	
2	是否能合理规范地使用仪器和设备	
3	是否按照安全和规范的流程操作	
4	是否遵守学习、实训场地的规章制度	
5	是否能保持学习、实训场地整洁	
6	团结协作情况	

参与评价的同学签名：_____ _____年____月____日

3 教师评价

教师签名：_____ _____年____月____日

四 技能考核标准

安全防护知识考核表 满分100分 考核时间为15min				
序号	项目	操作内容	规定分	得分
一	安全防护	是否穿着工作服	2	
		是否穿着安全鞋	2	
		是否戴工作帽	2	
二	焊接防护	焊接工作时能否正确使用焊接工作服	9	
		焊接工作时能否正确使用护膝	9	
		焊接工作时能否正确使用焊接面罩	9	
		焊接工作时能否正确使用焊接手套	9	
三	切割、打磨防护	切割、打磨工作时能否正确使用耳罩	9	
		切割、打磨工作时能否正确使用防护镜	9	
		切割、打磨工作时能否正确使用棉丝手套	9	
四	拉伸防护	拉伸工作时能否正确使用安全头盔	9	
		拉伸工作时能否正确使用防护镜	9	
		拉伸工作时能否正确使用棉丝手套	9	
五	7S管理	是否符合7S操作标准	2	
		是否移动车间内的设备、工具、材料	2	
		总分	100	
教师签名：				

项目二　钣金手工成型

学习任务3　钣金件的展开与放样

学习目标

知识目标

1. 了解钣金构件展开与放样的目的；
2. 熟悉钣金构件展开与放样的常用工具；
3. 掌握简单的钣金构件展开与放样的基本方法。

技能目标

1. 掌握钣金构件展开与放样的基本操作流程；
2. 会根据给定的简单钣金构件施工图，求作展开与放样图，并制作样板。

建议课时

4课时。

任务描述

根据给定的简单实物图,先绘制出展开放样图,然后根据展开放样图进行打样制作,最后绘制展开放样图于制作工件的相应板件上。

一　理论知识准备

在汽车制造中,经常会用到一些用金属板材制成的零件,称为钣金件。钣金件一般都是用薄钢板卷制或压制而成的,如圆管形、圆锥形制件等。制造钣金件,一般要经过放样(即在金属板材上,按实际尺寸画出它们的展开图)、切割下料、手工成形、焊接或铆接等一系列工序。

将立体表面按其实际形状和大小,依次摊平在一个平面上,称为立体表面展开,如图3-1所示。立体表面展开的问题,实质上就是求出立体表面的实形。绘制表面展开图,通常采用图解法和计算法。

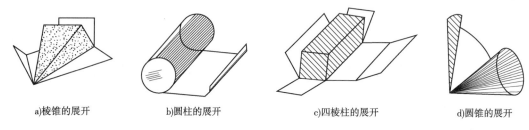

a)棱锥的展开　　b)圆柱的展开　　c)四棱柱的展开　　d)圆锥的展开

图3-1　几种基本几何体的展开

图解法绘制表面展开图,精确度虽低于计算法,但已能满足生产要求,多数情况下展开过程较为简便,广泛应用于生产实践中。

(一)基本几何图形画法

钣金作业的放样与展开都是基于基本图形进行的,学习常用基本图形的画法,有助于放样及展开图形的学习。

虽然一些零件的形状是复杂的,但是任何一个复杂的图形,都是由直线、曲线、角度和圆等构成的。

1　将已知线段 AB 五等分

作图步骤:任意引一辅助直线段 AC;在 AC 上截取 5 个等分点,并连接 B5;通过等分点,分别作 B5 的平行线,交于 AB 线,交点即为 AB 线的五等分点,如图3-2所示。

2　与已知直线成定距离平行线的画法

作图步骤:在直线 AB 上任取 1、2 两个点;分别以 1、2 点为圆心,以 a 为半径画圆弧;作与两圆弧外切的公切线 CD。CD 即所求平行线,如图3-3所示。

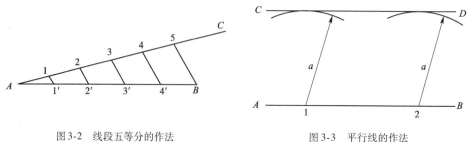

图3-2　线段五等分的作法　　　　图3-3　平行线的作法

3　圆内接多边形作法

(1)计算法:根据多边形边数查表计算出多边形的边长,在圆周上以边长为半径画弧,所画弧与圆周的交点即为圆周的等分点,依次连接等分点即为所求。

(2)作图法:作相互垂直的两直线段 AB、CD,并交于 O 点,以 O 点为圆心、R 为半径画圆;分别以 A、B 为圆心,以 R 为半径画弧交圆周于 E、H、G、F 四点,则 A、B、E、F、G、H 即为圆周等分点;依次连接 A、E、F、B、G、H 各点,即可得内接正六边形,如图 3-4 所示。

4 简单几何形体的展开计算

最常见几何形体表面有圆柱面、棱柱面、圆锥面等。这些几何形体表面都是可展表面,其展开的计算法是根据构件的已知尺寸和几何条件,通过解析计算,直接求出绘制展开图时所需的几何尺寸,按计算出的尺寸绘制钣金构件的展开图。

(1)正圆柱管的展开计算。

正圆柱管以中心层尺寸画出的主、俯视图,作为计算展开尺寸的依据,如图 3-5 所示。

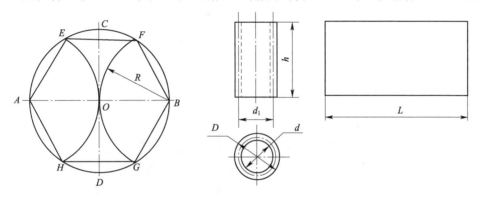

图 3-4 圆内接多边形作法　　图 3-5 正圆柱管的展开计算

正圆柱管展开后为一矩形,其长边为 L,短边为 h。其展开计算公式如下:

$$L = \pi(D-t) = \pi(d+t) = \pi d_1$$
$$S = Lh = \pi(D-t)h = \pi(d+t)h$$

式中:L——正圆柱中心展圆周长;

S——展开后表面积;

D——正圆柱管外径;

t——板料厚度;

h——正圆柱管高度;

d_1——中心层直径。

(2)正圆锥台的展开计算。

已知尺寸:D 为大端中径(mm);d 为小端中径(mm);h 为中心层中心线间锥面高(mm)。如图 3-6 所示。

展开图以中心层尺寸为准,其计算公式如下。

整体圆锥体高:　　　　　　　$H = \dfrac{Dh}{D-d}$

上锥体高:　　　　　　　　　$h_1 = H - h$

上半部圆锥展开半径:　　　　$R = \sqrt{H^2 + \dfrac{D^2}{4}}$

展开料夹角: $\alpha = \dfrac{180°}{R}$

展开料小端弧长: $S_2 = \pi d$

展开料大端弧长: $S_1 = \pi D$

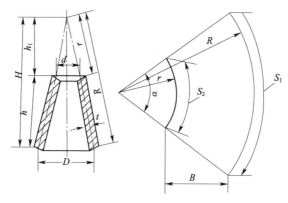

图 3-6 正圆锥台展开计算

(二)放样与样图

放样是先根据施工图上的几何尺寸,以 1∶1 的比例在放样平台上放出实样以求真实形状和尺寸,然后根据实样的形状和尺寸制造成样图,作为下料、煨制、装配等加工的依据。

放样的一般步骤:读图→准备放样工具→选择放样基准→放样操作

❶ 放样工具

钣金画线中,通常使用的工具有直尺、样冲、直角尺、划针、锤子、圆规等,如图 3-7 所示。

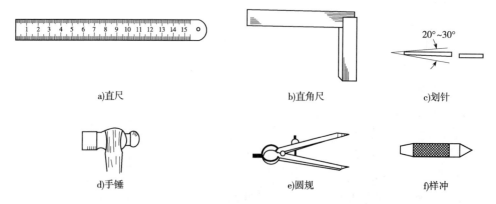

图 3-7 放样工具

❷ 放样基准

所谓放样基准,实际上就是画线基准,即放样画线时起点的基准线、基准面、基准点。基准的确定,通常情况下应选构件的对称面、底面、重要的端面以及回转体的轴线等。在板料放样画线中,基准一般只选择两个,具体可根据以下情况来选择,如图 3-8 所示。

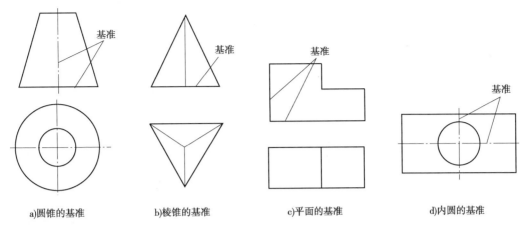

图 3-8 放样基准选择

❸ 放样图

一个钣金构件的制作,必须在放样图的基础上,将其表面展开,才能依据展开图下料制作。所谓展开图,就是将板料构成的零件,根据投影原理,通过几何作图,将其表面形状展开成平面图形的过程。

1)平行线展开法

用平行线作展开图的方法称为平行线展开法,简称平行线法。平行线展开法常用来展开柱形体零件的侧表面。如果壳体的侧表面是由一组平行的直素线构成,即可利用足够多的素线将其表面划成足够多的小平面梯形或小平面矩形(近似平面),则这些梯形或矩形所包围成的整体就是壳体的侧表面。把这些小梯形依次毗连地摊平开来,壳体侧表面即被展开。这个原理与打开一个卷着的竹帘子类似,如图 3-9 所示。

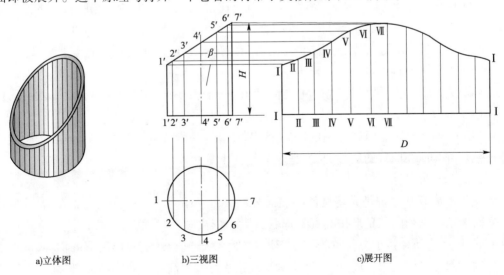

图 3-9 平行线法作斜口直圆柱的展开图

平行线展开法的作图步骤,可归纳为:

(1)等分断面图,并求各等分点直线(素线)的高度。

(2) 作基准延长线,并按等分距离(边长或弧长)截取长度;边等分点引垂线,截取相应等分点直线(素线)的高度。

(3) 依次连接各所得高度点,完成展开图。

2) 放射线展开法

用一组汇交于一点的直线作展开图的方法称为放射线展开法,简称放射线法。放射线展开法主要用于锥体侧表面及其截体的展开,当锥体侧表面是由一组汇交于一点的直素线构成时,即可利用足够的素线将其侧表面划分成足够多的小平面三角形(近似平面)。当把这些小三角形依次连接的摊平时,其侧表面就被展开了,如图3-10所示。

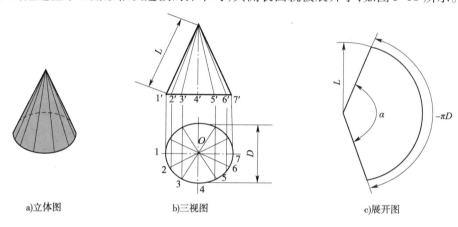

a)立体图　　　　b)三视图　　　　c)展开图

图3-10　用放射线法作正圆锥面的放样展开图

放射线展开法的作图步骤,可归纳为:

(1) 在二视图中(或只在某一视图中)通过延长投影边等手段完成整个锥体的放样图。

(2) 通过等分断面周长(或任意分割断面全长)的方法,做出各分点所对应的断面素线(包括棱锥侧棱以及侧面上过锥顶点的直线),将锥面分割成若干小三角形。

(3) 应用求实长的方法(常用旋转法、直角三角形法),把所有不反映实长的素线,与作展开图有关的直线的实长一一求出来。

(4) 以实长为准,利用交轨法(正锥体可用扇形法),做出整个锥体侧面的展开图,同时做出全部放射线。

(5) 在整个锥体侧面展开图的基础上,以放射线为骨架,以有关实长为准,再画出锥体被截切部分所在曲线的展开曲线,完成全部展开图。

3) 三角形展开法

三角形展开其原理是先将构件的表面分割成由一系列小三角形组成的表面,然后再在平面上把一系列的三角形按其真实形状的大小依次画在平面上,这样的图形就构成构件的展开图,它所使用的方法称为三角形展开法。关于适合用三角形展开的构件,可以说任何构件都可以用三角形展开,但是考虑到复杂程度和提高工作效率等因素,凡是不能用素线法和放射法展开的构件均用三角形法展开,也就是说凡是能用素线法或放射线法展开的构件就用这两种方法展开,不能用这两种方法展开的构件才用三角形展开。三角形展开如图3-11所示。

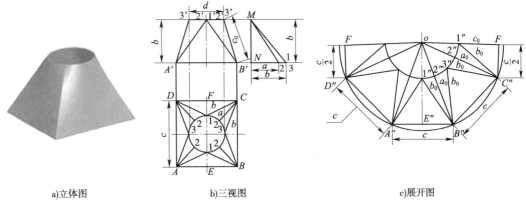

a) 立体图　　　　　　　b) 三视图　　　　　　　c) 展开图

图 3-11　天方地圆构件的展开图

三角形展开法的作图步骤,可归纳为:

(1) 在放样图中先将形体表面正确分割成若干小三角形;

(2) 求所有小三角形各边的实长;

(3) 以放样图中各小三角形的相邻位置为依据,用已知的或求出的实长为半径,通过交轨法,依次展开所有小三角形;

(4) 将所得的交点视构件具体情况用曲线或用折线连接起来,由此得到所需构件的展开图。

4 样板

当生产批量大时,不可能逐件放样展开划线;当构件较大时,也不可能在一块板料上进行划线;另外如果形状较复杂或圆弧太大时,也难以在小块材料上进行划线作业。这就需要有一种合理的方法进行放样、展开。在钣金作业中,最常用的方法就是制作样板。

1) 样板的种类

(1) 按使用周期分为单件使用样板、小批量使用样板、大批量使用样板。

(2) 按用途分类为生产用样板、划线样板、下料样板、靠试样板、精密构件样板、实形样板、检验用样板(分为非标准类和标准类)。常用标准样板如图3-12 所示。

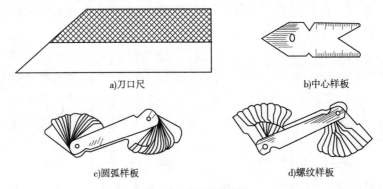

a) 刀口尺　　　　　　　　b) 中心样板

c) 圆弧样板　　　　　　　d) 螺纹样板

图 3-12　常用标准样板

① 非标准类样板:平面直线样板、形位样板、外径尺寸样板、内径尺寸样板等。

② 标准类样板:

a. 靠试样板：如检测平面度和垂直度的直尺、弯尺及刀口尺等；

b. 中心样板：如角度样板、刀样板等；

c. 螺纹样板：主要用来检测公、英制螺纹的螺距；

d. 圆弧样板：主要用来检测圆弧的直径等，如外径规、内径规。

2）样板的特点

样板是钣金工放样展开工艺的结晶，它完全是先按照钣金工放样、展开的画线规则进行放样展开，然后按照展开图下料制作而成。

（1）样板具有通用性。它一旦制成，就成为钣金划线下料的依据，划线、下料数量多少均是一样。

（2）样板具有准确性、标准性。它是构件展开的样板，划线下料后，构件是否合格，一般均应以样板为检测对标准。

（3）样板也具有示范性。在批量生产前，往往需通过制作样板来试验构件的成型情况，以判定板厚处理及成型中的意外变化因素。

3）样板的制作流程

划线→打中心冲眼→做板厚度处理（预留加工余量）→裁料→切削精加工→检验。

4）样板的使用及注意事项

（1）使用样板划线时，应将划针与样板边缘向外、向前倾斜30°。

（2）使用样板检测时，应把检测面与构件被检测部位贴紧，并且使检测样板整体与被检测面垂直。

（3）使用实形样板下料时，应把纸板摊平在板料上，避免因褶皱变形引起下料不准。

（5）要爱护样板，做到轻拿轻放，不得敲、打、挤、压样板。

（6）使用后应妥善保存样板，注意防腐、防锈、防变形。

5 合理用料

钣金加工中，经常遇到划线、裁料的问题，而在划线、裁料中又往往因划线方法不当、加工余量不足、排料方法不妥甚至无法裁剪等原因，造成构件的质量问题，造成工时、材料的巨大浪费。因此，在钣金加工中，特别是汽车钣金加工中，合理用料是相当重要的。

1）合理用料需要考虑的因素

要做到合理用料、选择用料的最佳方式，需考虑的因素很多，归纳起来有如下几点：

（1）加工构件的规格尺寸。所需加工面和不加工面；加工面要求精度和需留余量；钣金加工所要求的方式，是咬合对接，还是焊接；板厚处理的展开尺寸及其他工艺要求等。

（2）根据形体分析的具体情况，确定所需钣金加工材料的规格，供采购选料，以避免造成边角料的浪费。

（3）根据构件形体分析情况和原材料情况，合理划线、排料。

（4）根据排料方式，选择裁料下料方式。一般来讲，常用的下料方式有手工下料、机械剪切、气割和其他方式切割等。

（5）合理用料还应考虑到的一点，应当尽量做到使用样板划线。

2)科学排料,合理配裁

在钢板上划单个零件,为了提高板料的利用率,总是将构件靠近板料的边缘,且留出合理的加工余量。如果制造的零件数量较多,则必须考虑在板料上如何排列才合理,这种合理的排料方式叫合理配裁。

(1)集中下料法。

由于工件形状大小不一,为了合理使用材料,将使用同样牌号、同样厚度的工件,集中到一起一次划线下料。这样可以统筹安排,大小搭配,小构件使用大构件间的废料,提高材料利用率,如图3-13所示。

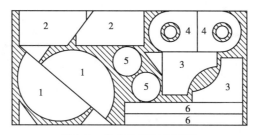

图3-13 集中下料排料示意图

(2)零件拼整法。

实际生产中,有时按整个构件排料,则挖去的下脚料太多,浪费较大,常常有意将该工件裁成几部分,然后再拼起来使用,以节省材料,如图3-14所示。

a)圆环整体中裁　　　　b)1/2圆环拼整配裁　　　　c)1/4圆环拼整配裁

图3-14 圆环构件的拼整配裁

(3)排料套裁法。

工件下料的数量较多时,为使板料得到充分利用,必须精心安排构件图形位置,同一形状的工件或各种不同形状的构件进行排样套裁,如表3-1所示。

常 用 排 料 方 式　　　　表3-1

序号	排样类型	排 样 图 示	序号	排样类型	排 样 图 示
1	直排		4	斜排	
2	单行排列		5	对头直排	
3	多行排列		6	对头斜排	

汽车钣金工艺

在合理用料中,应避免盲目采购原材料;杜绝盲目裁料;合理的冲裁模设计;避免盲目的构件试产。

二 任务实施

❶ 准备工作

信箱实物1个;划线工具1套;钣金工作台1张。

❷ 技术要求与注意事项

（1）所划的轮廓线即为毛坯或半成品的加工界限和依据,所划的基准点或线是工件安装时的标记或校正线。要求是:尺寸准确、位置正确、线条清晰、冲眼均匀。

（2）看懂图样,了解零件的作用,分析零件的加工顺序和加工方法。

（3）工件夹持或支承要稳妥,以防滑倒或移动。

（4）在一次支承中应将要划出的平行线全部划全,以免再次支承补划,造成误差。

（5）正确使用划线工具,划出的线条要准确、清晰。

（6）划线完成后,要反复核对尺寸,才能进行板件裁剪。

❸ 实训器材

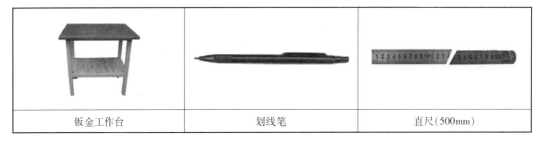

| 钣金工作台 | 划线笔 | 直尺（500mm） |

❹ 操作步骤

一、测量样品尺寸	
1. 测量样品尺寸 提示： 直尺测量样品的长、宽、高,以及需要折边的宽度、高度尺寸	
2. 记录测量值 提示： 记录样品测量的长、宽、高数值,以待绘制放样图和折边部位的折角尺寸	

续上表

二、绘制放样图	
绘制样图 提示： 依据实物所测得的数值，绘制样图。特别注意折角的位置，将绘制好的样图裁剪，并验证是否符合制作要求	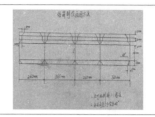
三、实物绘制轮廓线	
基准的选择 提示： 基准的选择原则以在理论知识部位阐述，通过分析样图，选择板材的直角两端平面作为基准线	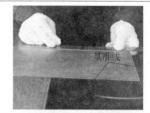
绘制轮廓线（折弯轮廓线） 提示： (1)按照样图的尺寸，使用划线笔和直尺在合适的板材上划出所制作工件的轮廓线； (2)划线时要符合尺寸准确、位置正确、线条清晰、标注剪切线的原则	
绘制轮廓线（下料轮廓线） 提示： 按照样图的尺寸，绘制出需要剪切的多余板料	
四、复核绘制的轮廓尺寸	
复核绘制的轮廓尺寸 提示： 直尺测量所绘制的所有轮廓线尺寸，注意绘制的尺寸是否和样图一致，如有误差，需重新绘制	
五、7S整理	
7S整理 提示： 按照7S管理标准，整理操作工位及场地	

三 评价与反馈

❶ 自我评价

(1)通过本任务的学习你是否已经掌握以下内容：
①信箱的放样与展开流程是怎么样的？
_____
_____

②信箱绘制过程中应符合哪些技术要求？
_____

③基准选择的原则？
_____

④信箱制作属于哪种展开形式？
_____

(2)实训过程完成情况如何？
_____

(3)通过本任务的学习,你认为自己的知识和技能还有哪些欠缺？
_____

签名：_____　　____年___月___日

❷ 小组评价

序号	评 价 项 目	评 价 情 况
1	着装是否符合要求	
2	是否能合理规范地使用仪器和设备	
3	是否按照安全和规范的流程操作	
4	是否遵守学习、实训场地的规章制度	
5	是否能保持学习、实训场地整洁	
6	团结协作情况	

参与评价的同学签名：_____　　____年___月___日

❸ 教师评价

_____
_____
_____
_____

教师签名：_____　　____年___月___日

四 技能考核标准

钣金件的展开与放样考核表
满分100分　考核时间为30min

序号	项目	操作内容	规定分	得分
一	安全防护	是否穿工作服	5	
		是否穿安全鞋	5	
		是否戴棉丝手套操作	5	
二	工具使用规范	能否正确使用划线笔	10	
		直尺的正确使用方法	10	
三	绘制样图	绘制出信箱样图	15	
		口述折角计算方法	10	
四	实物划线	划线基准的选择是否正确	10	
		划线方法是否符合标准	10	
		划线是否符合技术标准	5	
五	车间7S管理	是否大声吵闹	5	
		是否乱扔垃圾	5	
		是否安7S标准整理工位及场地	5	
		总分	100	
教师签名：				

学习任务4　钣金下料知识

学习目标

 知识目标

1. 了解钣金下料的目的；
2. 熟悉钣金下料的常用工具；
3. 掌握简单的钣金下料的基本方法。

 技能目标

1. 掌握钣金下料的基本操作流程；
2. 会根据给定的简单钣金构件施工图，进行下料并制作。

 建议课时

4课时。

依据工件制作要求,能看懂下料样图。选择正确的下料工具设备,对制作工件的板材按照下料标准和下料线进行准确的下料操作。

一 理论知识准备

根据实体钣金构件及三视图的放样与样图制作等工序后,就要进行材料的划线、下料、剪切、焊接等加工操作。但在制作实体钣金构件前,最好在硬纸板制作一遍模型,避免在加工过程中造成材料浪费和工件报废。

铁板上划完线后就要进行剪切了,材料的剪切可根据材料的不同采用机械剪切、氧乙炔焰切割、等离子弧切割等方法,而汽车钣金构件的下料多用机械剪切法。所以划线下料时要根据裁切方法的不同和加工方法的需要留出加工余量,如焊接收缩量、咬边量和加工变形的二次切割量等。如不留或加工余量留得不正确,则可能造成工件的材料浪费和加工浪费。

(一)划线

在材料或毛坯上画出所需板料的图形和板料的界线叫划线。划线可分为平面划线和立体划线。平面划线是在一个平面上划线,立体划线是在几个面上有联系地划线,如图4-1所示。在实践中平面划线下料用得比较多。

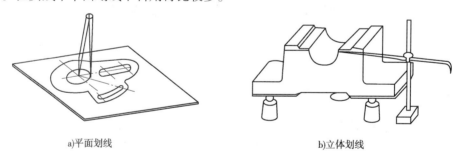

a)平面划线　　　　　　　　　　　　b)立体划线

图4-1 划线标记

划线要求线条清晰,尺寸准确。如划线错误,将会导致工件报废。由于划出的线条有一定的宽度,划线误差约为0.25~0.5mm,故通常不能以划线来确定最后尺寸,还是在加工过程中需依靠测量来控制尺寸精度。

(二)标记

划线后,在画出的线上应作记号,打上样冲孔等标记,是为了在以后的剪切、切割、钻孔等加工中避免线条不清晰而影响工作。样冲孔在直线上稍微稀些,在曲线上则应密些,线与线的交点上也要打样冲孔。除打上样冲孔外,还应在各种线上标注不同的加工要求符号标记,各种符号的表示,如图4-2所示。

(1)中心线:一般应在中心线的两端各打一组样冲孔,每组样冲孔数量不应少于3个,并在样冲孔两侧做出标记。

（2）标准线：划在下料切断线的内侧，距切断线 10～20mm，并打上样冲孔，做出明显标记，以备检查切料的误差。显然，下料切断线在标准线的外侧，也就是在剪切过程中，切刀要离开标准线 10～20mm 再进行剪切。

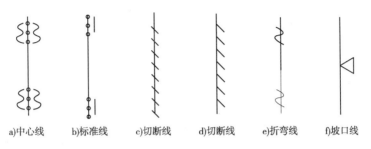

a)中心线　b)标准线　c)切断线　d)切断线　e)折弯线　f)坡口线

图 4-2 常用加工符号

（3）切断线：如果切断后两边的材料都为工件料时，切断符号线应以 45°斜线划在切断线上。如果切断后只有一边是工件料，另一边是余料时切断符号应划在余料的一边。

（4）折弯线：需要时还应标明弯曲方向或弯曲角度。

（5）坡口符号：用等边三角形 △ 为开坡口符号，三角形的一个角应指向开坡口的部位。

（三）加工余量

下料时要考虑的加工余量有剪切余量、焊接收缩量、加工后的二次切割余量等，对各种余量的留出要根据工件的具体施工情况来分析。

1　剪切余量

剪切余量和二次加工余量在下料时，应根据工件的施工要求，考虑留出剪切加工余量和二次加工余量。在不进行边缘处理时，如机械剪切，可不留余量；氧乙炔火焰切割时应根据材料的厚度留出 1～6mm 的切割加工量；6mm 以下薄板可留出 1～2mm 的切割加工量；一般手工剪切比机械剪切的加工余量应大出 1～2mm，如表 4-1 所示。

剪切余量表　　　　　　　　　　　　　　　　　　　　　　表 4-1

切割方式	手工剪切			机械剪切			氧乙炔切割
板厚（mm）	≤6	7～14	≥20	≤6	7～14	≥20	—
剪切量（mm）	2～3	3～5	4～6	1～2	2～4	3～5	1～6

二次加工余量一般在 10～20mm。要根据操作者掌握技术的熟练程度来考虑余量的大小，较熟练的操作者可在 10mm 左右，不熟练的操作者可在 20mm 左右或超过 20mm。

2　焊接收缩量

对焊接构件在下料前要对焊接收缩量进行估算。焊接收缩一般来自两个方面，一是下料工件本身的焊接收缩，二是构件整体焊接时变形对它的影响。一般焊缝的收缩量与钢板厚度和接头形式有关，如表 4-2、表 4-3 所示。

焊缝纵向近似收缩量　　　　　　　　　　　表4-2

焊缝类型	对接焊缝	连续角焊缝	间断角焊缝
收缩量(mm/m)	0.15~0.3	0.2~0.4	0~0.1

焊缝横向近似收缩量　　　　　　　　　　　表4-3

焊缝类型	对接焊缝			双面角焊缝		
板厚(mm)	8	14	20	8	14	20
收缩量(mm/m)	1.4	1.8	2.2	1.8	2.0	2.8

对各种情况焊接收缩量的确定,要在施工中不断地进行总结才能做到比较准确,而且要根据焊缝的具体情况来分析,如厚板但焊缝的厚度要求较小时其收缩量也小。表中的数值可作为参考值,在构件制造误差要求不是很高时可作为下料计算值。

(四)咬合对接加工余量

咬合对接成形是把两块板料的边缘折弯(折转)、扣合,彼此压在一起,是制作薄壁(薄铁皮)件常用的一种工艺方法(如制作水桶、车身的车门外皮等)。

咬合对接适用范围:适用于板厚小于1.2mm的普通薄钢板和板厚小于1.5mm的铝板,以及板厚小于0.8mm的不锈钢板。对咬合对接工件的毛料,必须留出咬合余量,即在下料图线以外留出咬合对接量,否则制成的工件尺寸减小,成为废品。常用的咬合对接种类如图4-3所示。

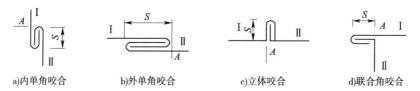

a)内单角咬合　　b)外单角咬合　　c)立体咬合　　d)联合角咬合

图4-3　咬合对接种类

图中A线为板Ⅰ与板Ⅱ的分界线,即A点处正是板料的接缝处。如果板料在A点处对接,则所制出来的筒也好,其他器皿也好,是合格成品。A点的位置不同,板Ⅰ与板Ⅱ的加工余量也不同,A点的位置可根据具体情况确定。

咬合的宽度叫单口量用S表示。咬合的宽度S和板厚t有关,其关系可用经验公式表示:

$$S = (8 \sim 12)t$$

当t小于0.7mm时,S不应小于6mm。

外单角咬合,由于A点取在咬合边板Ⅱ的一边,所以板Ⅰ的加工余量为S,板Ⅱ的加工余量为$2S$;内单角咬合,板Ⅰ与板Ⅱ的加工余量分别为$2S$和S;立体咬合,板Ⅰ与板Ⅱ的加工余量分别为$2S$和S;联合角咬合,板Ⅰ与板Ⅱ的加工余量分别为$2S$和S。

(五)排料

为节约材料,在下料前要根据原材料的尺寸进行排料。排料的目的是为了最合理、最经济地利用材料,同时也是为了节省工时,提高工作效率。另外排料还要考虑工件的加工条件,工件的弯曲方向。

钣金用钢板材料一般都是轧制而成,在排列时,当弯曲线与钢板轧制纹路方向垂直时,不易产生裂纹。当弯曲线与钢板轧制纹路方向平行时,易产生裂纹。当工件需要几个方向弯曲时,应使弯曲线与钢板轧制纹路方向尽可能成一定角度,一般应大于30°。设备制造时要在制造材料中同时下出两块产品试板,同时焊接后检验材料的力学性能,为保证弯曲试验合格,应使用正确下料方法,如图4-4所示。

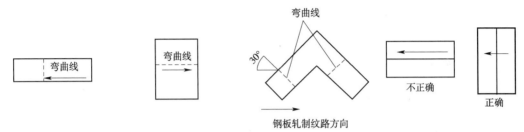

a)钢板弯曲与轧制纹路一致　　b)钢板弯曲与轧制纹路不一致　　c)弯曲纹路不一致时要保持30°　　d)正确的下料方法对比

图4-4　排板的弯曲方向

对于板材一般是先下大料后下小料,再同时考虑套裁。在大批量的同规格尺寸下料时,可采用两点定直线排料法来进行排料。

(六)剪切

料板上的线画完后,就要进行剪切了。这里主要介绍手工剪切下料和机械剪切下料两种方法。

1　手工剪切下料

(1)直线的剪切方法。

剪切短料直线时,被剪去的部分,一般都放在剪刀的右面,如图4-5a)所示。

左手拿板料,右手握住剪刀柄的末端。剪切时,剪刀要张开大约2/3刀刃长。上下两刀片间不能有空隙,否则剪下的材料边上会有毛刺。剪切长料或宽板材料的长直线时,必须将被剪去的部分放在左面,这样使被剪去的部分容易向上弯曲,如图4-5b)、c)所示。

a)剪短料　　　　　　　b)剪长料　　　　　　　c)剪切板料

图4-5　直线的剪切方法

(2)外圆的剪切方法。

剪切外圆应从左边下剪,按顺时针方向剪切,边料会随着剪刀的移动而向上卷起,如图4-6a)所示。若边料较宽时,可采取剪直线的方法。

(3) 内圆的剪切方法。

剪切内圆时,应从右边下剪,按逆时针方向剪切,边料会随着剪刀的移动而向上卷起,如图4-6b)所示。

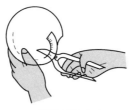
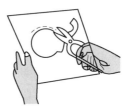

a)外圆的剪切方法　　　　　　b)内圆的剪切方法

图4-6　内、外圆剪切方法

2 机械剪切下料

普通剪切机一般由机身、传动系统、刀架、压料器、前挡料架、托料装置、刀片间隙调整装置等部件组成,如图4-7所示。

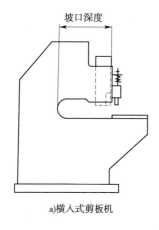

a)横入式剪板机　　　　　　b)传统式剪板机

图4-7　机械下料设备

钣金加工在生产中多使用龙门式斜口剪板机,它的剪切过程是上剪刃与材料接触时,材料处于弹性变形阶段,当上剪刃继续下降时,材料切口开始发生断裂,最后分离。

在使用剪板机时要合理调整上、下剪刃间的间隙,剪刃的合理间隙主要取决于材料的材质和厚度。合理间隙值是一个尺寸范围,其上限为最大间隙,下限为最小间隙。表4-4列出了剪刃合理间隙的范围。

剪刃合理间隙的范围(单位:mm)　　　　表4-4

材　　料	间隙(板厚)	材　　料	间隙(板厚)
低碳钢	5~9	不锈钢	7~11
中碳钢	8~12	合金铝	6~10
纯铁	5~9	工业铝	5~8
硅合金钢	7~11		

（七）剪切下料常见缺陷及其原因分析

剪切下料常见缺陷及原因分析见表4-5。这些缺陷不仅引起材料消耗的增加，冲压工序废品的产生，同时还影响到成形、焊接、装配等工序质量。

剪切下料常见缺陷及原因分析　　　　表4-5

缺陷形式	产生的原因	解决方法
外形尺寸及形状超差	1. 定位和导板不准确； 2. 操作时靠不到位； 3. 板形翘曲度大，有侧弯、端头斜	1. 重新调整定位； 2. 认真操作； 3. 采用临时工艺校直和先剪出基准面
弯曲线与毛坯板料轧纹方向的夹角不对	1. 操作不认真； 2. 管理不善； 3. 工艺排样错误	1. 认真按工艺要求操作； 2. 加强管理； 3. 改进工艺排样
毛刺大	1. 剪切间隙过大； 2. 剪刃钝	1. 调整刃口间隙； 2. 磨锋或更换刃片
扭曲	1. 剪切机斜口过大； 2. 剪切板料窄而厚	1. 调整剪刃角度； 2. 采取校平措施或使用平口剪切机

二　任务实施

❶ 准备工作

（1）剪切下料工具1套。
（2）操作平台1张。
（3）下料图和划完轮廓线的板料1张。

❷ 技术要求与注意事项

（1）板料剪切后，端面要保持平顺，不能有毛刺。
（2）剪切下料的误差应小于1mm。
（3）剪切前需检查钣金剪刀的锋口，是否有缺口，剪刃的锋利程度。
（4）剪切时剪刃与板料的接处位置应保持2/3以上，剪刃与板料应为垂直，禁止使用剪刃的头部进行板材的剪切。

❸ 实训器材

| 钣金工作台 | 钣金剪刀 | 圆头锤 |

汽车钣金工艺

❹ 操作步骤

一、读下料图	
读下料图 提示： 分析下料图，根据加工工艺要求，确定下料先后顺序	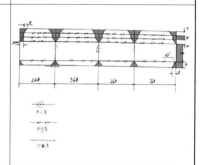
二、剪切板料	
1.剪切多余板料 提示： 依据下料图，使用钣金剪刀，将多余板料剪切掉	
2.剪切拼合部位折弯 提示： 拼合部位折弯处于板材边缘，剪切相对较简单，剪切时，不必采取特殊的处理	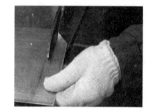
3.剪切板材第一折弯处 提示： 第一折弯处处于板材的外边缘，剪切时，钣金剪刀较容易剪切，也不必采取特殊处理	
4.剪切板材第二折弯处 提示： 第二折弯处处于板材的内部，因第一折弯处的剪切原因，板材需剪切位置已经变形，正确的处理方法为将已剪切的板料弯曲一定角度（左边剪切时向上弯曲、右边剪切时向下弯曲），然后剪切第二折弯处，确保剪刀与板料垂直	

项目二　钣金手工成型

续上表

二、剪切板料	
5.剪切板材第三折弯处 提示： 第三折弯处剪切同第二折弯处，抬起的角度大于第二折弯处	
三、板料整平	
板料整平 提示： （1）圆头锤敲击板料剪切位置，将因剪切而产生的翘曲整平； （2）敲击时，注意敲击的力度，不能留有锤印	
四、7S 整理	
7S 整理 提示： 按照 7S 管理标准，整理操作工位及场地	

三　评价与反馈

❶ 自我评价

（1）通过本学习任务的学习你是否已经掌握以下内容：

①信箱的下料流程是怎么样的？

____

②信箱绘制过程中应符合哪些技术要求？

____

③下料的加工余料如何选择？

____

④下料常见的缺陷有哪些？产生原因分析？

____

（2）实训过程完成情况如何？

____

(3)通过本任务的学习,你认为自己的知识和技能还有哪些欠缺?

_____

签名:_____   ____年___月___日

❷ 小组评价

序号	评价项目	评价情况
1	着装是否符合要求	
2	是否能合理规范地使用仪器和设备	
3	是否按照安全和规范的流程操作	
4	是否遵守学习、实训场地的规章制度	
5	是否能保持学习、实训场地整洁	
6	团结协作情况	

参与评价的同学签名:_____   ____年___月___日

❸ 教师评价

_____

_____

_____

教师签名:_____   ____年___月___日

四 技能考核标准

钣金件下料知识考核表				
满分100分　　考核时间为30min				
序号	项目	操作内容	规定分	得分
一	安全防护	是否穿工作服	5	
		是否穿安全鞋	5	
		是否戴棉丝手套操作	5	
二	工具使用规范	能否正确使用钣金剪	10	
		能否正确使用圆头锤	10	
三	样图分析	是否会分析样图	15	
四	实物下料	下料方法是否正确	20	
五	板料整平	板料整平是否出现锤印	15	
六	车间7S管理	是否大声吵闹	5	
		是否乱扔垃圾	5	
		是否按7S标准整理工位及场地	5	
总分			100	
教师签名:				

项目二 钣金手工成型

学习任务 5　钣金手工成型

 学习目标

★ **知识目标**

1. 了解钣金手工成型的弯曲、拱曲、收边、放边等的定义及工艺流程；
2. 熟悉钣金手工成型的常用工具；
3. 掌握简单的钣金手工成型的基本方法。

★ **技能目标**

1. 掌握简单钣金手工成型的基本操作流程；
2. 会根据给定的简单钣金构件施工图，使用合理的加工方法进行弯曲、拱曲、收边、放边等操作。

 建议课时

4 课时。

 任务描述

运用手工成型的工具、设备，对完成划线、下料的板料进行弯曲、收边、焊接及校正整形的操作。

一　理论知识准备

钣金手工成型就是利用相应的工具对薄铁板、薄铝材等金属毛料施以外力，使之发生塑性变形或剪断，从而成为具有预期形状和性能的零件加工方法。

（一）弯曲

手工弯曲是指利用手工将薄板等材料按要求形状弯曲成一定角度或弧度的一种工艺过程，它是钣金工最基本的一种操作方法，如图 5-1 所示为常见的一些弯曲件形状。

1 弯曲变形的特点

(1) 弯曲圆角部分是弯曲变形的主要区域。

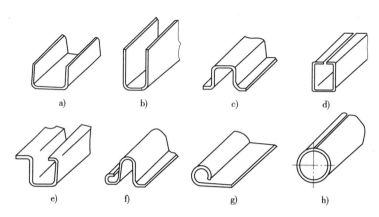

图 5-1 常见弯曲件

（2）弯曲变形区内的中性层：当弯曲变形程度较小时，应变中性层的位置基本上处于材料厚度的中心，但当弯曲变形程度较大时，可以发现应变中性层向材料内侧移动，变形量愈大内移量愈大。

（3）变形区材料厚度变薄：变形程度愈大，变薄现象愈严重。

（4）变形区横断面的变形：变形区的应力和应变状态在切向和径向是完全相同的，仅在宽度方向有所不同。

❷ 典型形状工件的操作

角形工件的弯曲一般采用模具弯曲，弯曲可采用自由弯曲或在夹具上进行，具体操作方法见表5-1。

角形工件的弯曲　　　　　表 5-1

名称	图示	操作方法
自由弯曲		1. 在下好料的板料上划出弯曲线； 2. 将弯曲线对准模具的角线； 3. 左手压住板料，右手用木锤轻轻敲打板料的两端，并弯成一定角度，以便于定位，然后再将其全部弯曲成形； 4. 用木锤沿板料一个弯曲面轻轻敲打，使之贴紧模具
利用台虎钳弯曲		1. 在板料坯上划出弯曲线； 2. 将弯曲线对准模具弯角处，并在台虎钳上夹紧； 3. 用木锤在弯曲角的根部轻轻敲打，使之成形； 4. 若弯曲边宽度较大，则应在弯曲边上垫一木块，然后再进行敲打，以防翘曲； 5. 用木锤沿板料弯曲面均匀敲打，使之贴紧模具

续上表

名称	图 示	操作方法
"冂"形工件弯曲	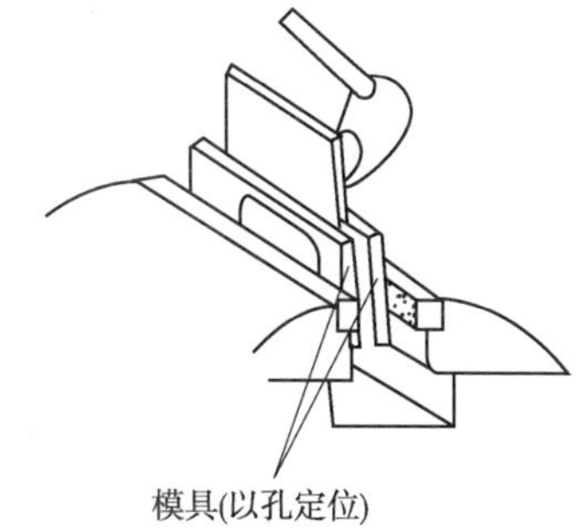 模具(以孔定位)	1. 在板料坯上划出两条弯曲线； 2. 将一条弯曲线对准模具的弯曲角处并用台虎钳夹牢，然后用木锤轻轻敲击弯曲根部，使之成形； 3. 将弯曲件掉头，把另一条弯曲线对准模具的弯曲角处后夹紧，用木锤敲打弯曲处，使之成形； 4. 若弯曲面翘曲，可将"冂"形件套在铁砧上用橡皮条敲打使其贴紧
"凵"形工件弯曲	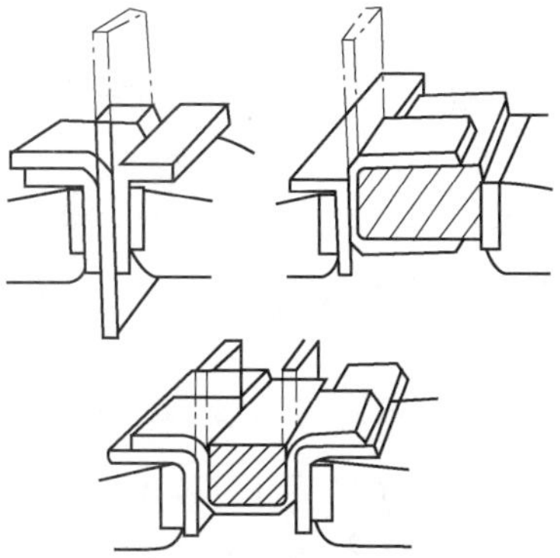	1. 在板料坯上依弯曲顺序划出4条弯曲线； 2. 将弯曲线1对准模具弯曲角并夹紧，然后用锤子敲击弯曲处使之弯曲； 3. 利用台虎钳和模具将弯曲线2处的弯角成形； 4. 利用模具弯曲3、4弯曲线所对应的弯角，使之最后成形； 5. 操作时，板料坯在台虎钳上夹持要与模具垫实，以避免敲击时板料坯下滑面影响弯边尺寸
圆柱面工件的弯曲	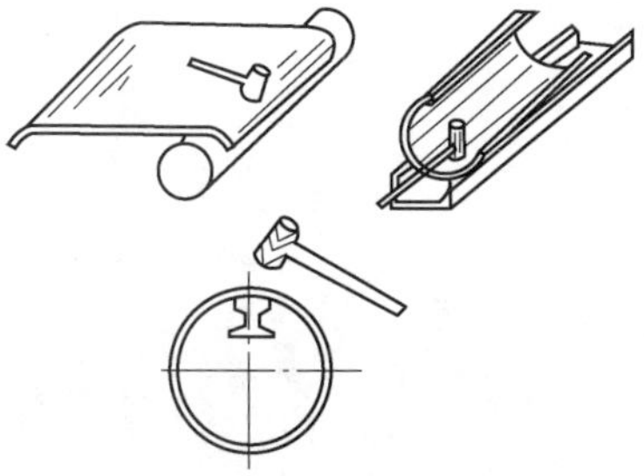	1. 在板料坯上划出若干条弯曲线，作为敲圆时锤击的基准线； 2. 利用模具或圆钢弯曲板料坯的两端，要求其弯曲半径略小于或等于所需的弯曲半径； 3. 将两端弯曲好的板料坯放在槽钢或套在钢轨上，用型锤沿弯曲线均匀锤击；锤击时由两端向中间进行； 4. 把圆筒套在钢轨上或铁砧上进行校圆

（二）拱曲

拱曲是指将板料用手工捶击成凹凸曲面形状的零件。通过板料周边起皱向里收，中间打薄向外拉，这样反复进行，使板料逐渐变形得到所需的形状，所以拱曲零件一般底部都弯薄。拱曲可以分为冷拱曲和热烘曲。

1 冷拱曲

冷拱曲是指板料在常温下，使用手工捶和顶杆、胎模等，对板料施加外力，使之发生塑性变形或剪断，从而成为具有预期形状和性能的零件加工方法。

（1）用顶杆手工拱曲法。

这种方法应用于拱曲深度较大的零件，主要是利用顶杆和手工捶击的方法制成圆弧零件，如图5-2所示。

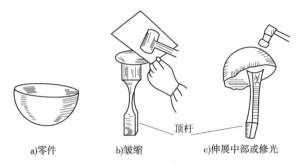

图 5-2 用顶杆制作半球形零件

拱曲时,首先把板料的边缘做出皱褶,然后在顶杆上将边缘的皱褶打平,使边缘向内弯曲,同时用木锤轻而均匀地捶击中部,使中部的坯料伸展拱曲。捶击的位置要稍稍超过支承点,敲打位置要准确,否则容易打出凹痕,甚至打破。

捶击时,用力要轻而均匀,而且打击点要稠密,边捶击边旋转坯料。根据目测随时调整捶击部位,使表面光滑、均匀。凸出的部位不应再捶击,否则愈凸起。

捶击到坯料中心时,要不断转动,不能集中在一处捶击,以免坯料中心伸展过多而凸起。依次收边捶击中部,并配合中间检查,使其达到要求为止。为考虑最后修光时,要产生回弹变形,一般拱曲度要稍大些。

用平头锤在圆杆顶上,把已拱曲成形的零件进行修光,然后按要求划线,并切割、锉光边缘。在加工过程中,如发现坯料由于冷作而硬化,应及时进行退火处理,否则容易产生裂纹。

(2)用胎模手工拱曲法。

一般尺寸较大、深度较浅的零件,可直接在胎模上进行拱曲,主要利用胎模和手工捶击的方法制作各种零件,如图 5-3 所示。

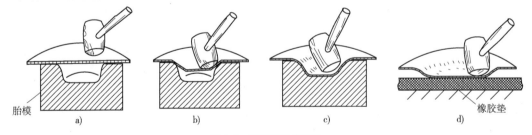

图 5-3 用胎模制作零件

将坯料压紧在胎模上,用手锤从边缘开始逐渐向中心部分捶击,图 5-3a)、b)、c)是拱曲过程,由边缘逐渐向中心拱曲,图 5-3d)是在橡胶垫上伸展坯料。

拱曲时,捶击应轻而均匀,这样才能使整个加工表面均匀地伸展,形成凸起的形状,并可以防止拉裂。为使坯料伸展得快,在拱曲过程中,可垫橡胶垫、软木、沙袋等进行伸展坯料,这样表面质量较好。

在拱曲过程中,不能操之过急,应分几次,使坯料逐渐下凹,直到坯料全部贴合胎模,成为所需的形状。最后用平头锤在顶杆上打光局部凸痕。

2 热拱曲

通过加热使板料拱曲叫热拱曲。热拱曲一般用于板料较厚、形状比较复杂以及尺寸较大的拱曲零件,如图5-4所示。

热拱曲和冷拱曲的区别在于,冷拱曲是通过收缩坯料的边缘、伸展坯件中部材料得到,而热拱曲是通过坯料的局部加热后冷却收缩变形而得到。

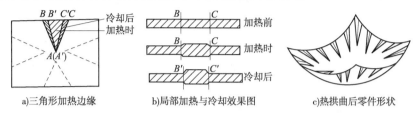

图5-4 热拱曲制作零件

对坯料三角形 ABC 处局部加热,受热后要向周围膨胀,但因该区处于高温状态,力学性能比未加热部位低,不但不能膨胀,反而被压缩变厚,冷却后缩小为 $A'B'C'$。

拱曲的程度与加热点的多少和每一点的加热范围有关。加热点愈多,也就是愈密,拱曲程度愈大。

加热的方法有两种,加热面积较大时,采用加热炉加热;当加热面积在 $300mm^2$ 以内时,用氧焊枪加热。

(三)放边与收边

收、放边是指利用合适的工具将零件某一边伸长或收缩的方法来制造凹凸曲线,以达到预期效果的工艺方式。

❶ 放边

放边是指使零件某一边弯薄伸长的方法来制造曲线弯边的零件。放边操作多采用捶放的方法,如图5-5所示。

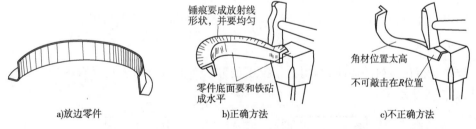

图5-5 捶击放边方法

制造凹曲线弯边的零件,可用直角型材在铁砧或平台上捶击角材边缘,使边缘材料厚度变薄、面积增大、弯边伸长,愈靠近角材边缘伸长,愈靠近内缘伸长愈小,这样直线角材,就逐渐被捶击成曲线弯边的零件。

捶击放边的操作过程,首先是计算出零件的展开尺寸,放边时角材底面必须与铁砧表面保持水平,不能太高或太低,否则在放边过程中角材要产生翘曲。锤痕要均匀并成放射形,捶击的面积占弯边宽度的3/4,不能沿角材的 R 处击打,捶击的位置要在弯曲部分,有直线段的角形零件,在直线段内不能击打。在放边过程中,材料会产生冷作硬化,发现材料变硬后,要退火处理,否则继续捶放易打裂。在操作过程中,随时用样板或量具检查外形,达到要求后进行修整、校正和精加工。

❷ 收边

收边是指角形件某一边材料被收缩,长度减小、厚度增大的方法来制造凸曲线弯边的零件。收边的方法有皱缩、"搂"边等。

(1)用折皱钳起皱,在砧铁上用木锤敲平,如图5-6所示。折皱钳用8~10mm的钢丝弯曲后焊成,表面要光滑,以免划伤工件表面。

图5-6 皱缩收边

(2)"搂"弯边(即敲制凸曲线弯边),用木锤"搂"边的方法,如图5-7所示,坯料夹在胎具上,用铝棒顶住坯料,用木锤敲打铝棒顶住部分,这样坯料逐渐被收缩靠胎。

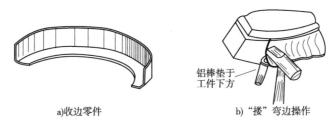

图5-7 "搂"弯收边

收边还可用橡皮打板敲击收边,在修整零件时,用橡皮打板抽打,使材料收缩。橡皮打板用中等硬度、宽60~70mm、厚15~40mm的橡皮板制造,长度可根据需要确定。

(四)拔缘

拔缘是指在板料的边缘,利用手工捶击的方法弯曲成弯边。拔缘有内拔缘和外拔缘二种,如图5-8所示。

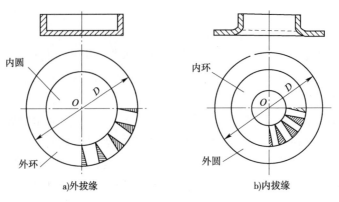

图5-8 拔缘

外拔缘时,圆环部分要沿中间圆形部分的圆周径向改变位置而成为弯边。但是它受到其中三角形多余金属的阻碍,采用收边的方法,使外拔缘变边增厚。

内拔缘时,内侧圆环部分要沿外侧圆环部分的圆周径向变换位置而成为弯边,由于受到内孔圆周边缘的牵制不能顺利地延伸,所以采用放边方法,使内拔缘弯边变薄。

❶ 自由拔缘

拔缘可以采用自由拔缘和胎型拔缘两种方法。自由拔缘一般用于薄板料、塑性好,在常温状态下的弯边零件,如图5-9所示。

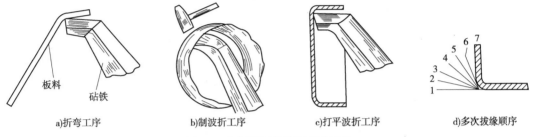

图5-9 自由拔缘(外拔缘)操作过程

计算出坯料直径 d,划出加工的外缘宽度线(即分出环形部分和内圆部分),一般坯料直径 d 与零件直径 D 之比为 0.8~0.85。随后剪切毛坯,去毛刺。

在铁砧上,按照零件外缘宽度线,用木锤敲打进行拔缘,首先将坯料周边弯曲,在弯边上制出皱折,再打平皱折,使弯边收缩成凸边。薄板拔缘时,需经多次反复打出皱折、打平皱折,才能制成零件。因此在每次打平皱折后,可在弯边的边缘上先制出10mm宽的向内折角圆环,以加强弯边的稳定性。

拔缘时,锤击点的分布和锤击力的大小要稠密、均匀,不能操之过急,如锤击力量不均,可能使弯边形成细纹皱折而最后发生裂纹。

❷ 胎型拔缘

胎型拔缘多用于厚板料、孔拔缘及加温状态下进行弯边的零件,如图5-10所示。

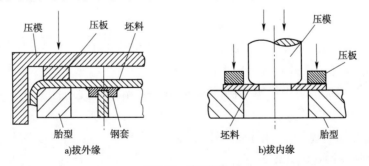

图5-10 胎型拔缘

利用胎型外拔缘时,一般采用加温拔缘的方法。拔缘前,先在坯料的中心焊装一个钢套,以便在胎型上固定坯料拔缘的位置。坯料加热温度为750~850℃,每次加热不宜过长,加热面略大于坯料边缘的宽度线,按照前述外拔缘过程分段依次进行,一次弯边成形。

利用胎型内拔缘时,弯边比较困难。内孔直径不超过80mm的薄板拔缘时,可采用一个圆形木锤一次冲出弯边;较大的圆孔和椭圆孔的厚板内板缘时,可制作一个圆形的钢凸模进行一次冲出弯边。

(五)卷边

卷边是指将板件的边缘卷过来的操作,通常是在折边或拔缘的基础上进行的,卷边分夹丝卷边和空心卷边两种,如图5-11所示。

图5-11 卷边

夹心卷边是指在卷边内嵌入一根钢丝,以加强边缘的刚性。钢丝直径根据零件的尺寸和所受的力来确定,一般钢丝的直径为板料厚度的3倍以上。包卷钢丝的边缘,应不大于钢丝直径的2.5倍。

(六)矫正

对几何形状不符合产品要求的钢结构及原材料进行修正,使其产生一定程度的塑性变形,从而达到产品所要求的几何形状,这种修正方法称为矫正。

矫正的方法有机械矫正、火焰矫正、手工矫正三种,如图5-12。在机械矫正和手工矫正中根据材料的性质、工件的变形程度和生产的实际情况又可分为冷矫正和热矫正。

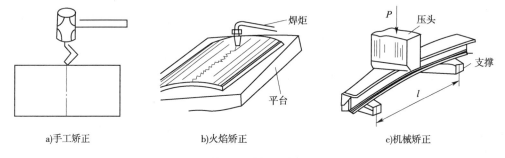

图5-12 矫正方法

机械矫正是借助于机械设备来对变形工件及变形原材料进行矫正。常用的机械矫正设备有钢板矫正机(矫平机)、各种压力机(水压机、油压机、螺旋压力机等)。

火焰矫正是用火焰对变形工件进行局部加热后,由收缩引起的新的变形去矫正已产生的变形。

手工矫正常用大锤、手锤、平锤、弧锤、U形夹、羊角卡、平台等工具进行手工操作,使变形工件得到所需的正确几何形状。

❶ 钢板的手工矫正

钢板手工矫正的基本原理、方法是采用收边和放边的基本原理,如中间鼓形凸起,四周平整,能贴合平台,这种凸起的原因是周边的纤维长度比中间的纤维长度短,即通常所说的中间松四周紧。

矫正方法是用手锤捶放四周,锤击方向由里向外,越往外锤击点越稠密,锤击力也越大,这样使四周的材料放松,从而消除凸起,如图5-13a)所示。

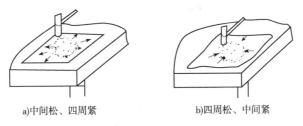

a)中间松、四周紧　　b)四周松、中间紧

图5-13　钢板手工矫正

相反中间贴合平台,周边扭动成波浪形,即中间的纤维长度比四周的纤维长度短。消除这种扭动的方法是用橡皮带抽打四周,使周边材料收缩,如图5-13b)所示。

❷ 薄板件变形的火焰矫正

钢板变形为波浪形时,应先将钢板放在有孔平台上,用羊角卡将钢板的三个边卡压在平台上,然后用氧炔焰以线状加热法对凸起部分的最高点两侧分别加热,加热线的长度应短于变形的凸起长度,如图5-14所示。如钢板厚度在2～4mm,则加热宽度应在10～20mm。钢板较薄时,加热速度要快些,加热温度应控制在600～800℃。

对于含碳量较高的材料,火焰与浇水的距离要适当远些,对有硬倾向的材料不允许用水激冷。各加热线之间的平行距离,应根据变形波峰高度而定,凸起越高,则距离越近,加热温度也越高。如一次矫不平,可进行第二次热矫平,但其加热线应在第一次加热线之间。必要时可辅以手工矫平。

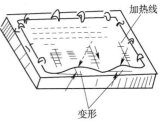

图5-14　薄板的火焰矫正

二　任务实施

❶ 准备工作

(1)操作平台1张。

(2)手工成型工具1套。

(3)画线、下料完成的钢板1张。

❷ 技术要求与注意事项

(1)能使用手工工具和模具进行简单构件的冷成形,并能独立操作一般构件的定位焊接、整体焊接。

(2)能根据技术要求、构件配合空间尺寸校正基准对构件进行校正。

(3)能根据相关质量标准及技术要求对一般构件进行尺寸、形状、位置和接缝外观等的检验。

(4)信箱的各折边角均为垂直折弯,折边时注意折边的方法,禁止使用铁锤直接敲击板材。

❸ 实训器材

钣金工作台	线型凿	圆头锤
直尺(500mm)	方木	橡胶垫

❹ 操作步骤

一、折弯线成型	
1. 内折弯线成型 提示： (1)线型凿对准内折弯处的经线，使用圆头锤敲击线型凿头部，使折弯处的经线出现一定量的变形(需分次敲击3~5次)； (2)敲击时，板材下面需垫橡胶垫，禁止直接在钣金工作平台上直接敲击； (3)线型凿移动时注意平稳移动，每次移动量不要超出线型凿接触长度的1/2	
2. 外折弯线成型 提示： 折弯的方法同内折弯	
3. 中心线折弯 提示： 折弯的方法同内折弯	
二、折弯	
1. 初步折弯 提示： (1)板材置于钣金工作台边缘位置，用方木敲击板材折弯处，进行初步折弯(需分次敲击2~3次)； (2)注意折弯线需对准棱线，否则禁止敲击	

续上表

二、折弯	
2. 折弯修正 提示： 板材置于橡胶垫上，用方木顶住板材，再次用线型凿和手锤敲击折弯线，修正至垂直位置	
3. 使用相同方法折弯其他折弯线 提示： 折弯其他折弯线时，可使用"G"型大力钳辅助固定板材，防止移位	
4. 中心线折弯 提示： 扶住板材直线折弯线处，沿中心线折弯板材	
5. 中心线修正 提示： 用修正折弯线的方法，修正中心线折弯处，使折弯线成垂直状态	

三、定位焊接	
板材定位点焊 提示： 使用相应的焊接设备，将板材的中心线折边连接位置及开口边缘连接位置固定	

四、测量校正	
1. 测量尺寸 提示： 直尺测量工件的长、宽、高及对角线尺寸，确定尺寸是否符合规定值，有没有扭曲等现象。如尺寸不符合要求，使用方木锤击各边连接处，进行修正，直至尺寸符合规定值	

续上表

四、测量校正	
2.校正 提示： (1)测量符合规定尺寸后，用平锤敲击边角连接处，使边角连接处接缝宽1～2mm； (2)焊接各连接处，参考项目四任务12	
五、7S整理	
7S整理 提示： 按照7S管理标准，整理操作工位及场地	

三 评价与反馈

❶ 自我评价

(1)通过本任务的学习你是否已经掌握以下内容：

①信箱的手工成型流程是怎么样的？

___

②信箱手工成型过程中应符合哪些技术要求？

___

③手工成型中折弯的方式如何选择？

___

(2)实训过程完成情况如何？

___

(3)通过本任务的学习，你认为自己的知识和技能还有哪些欠缺？

___

签名：_____   ____年___月___日

❷ 小组评价

序号	评价项目	评价情况
1	着装是否符合要求	
2	是否能合理规范地使用仪器和设备	
3	是否按照安全和规范的流程操作	
4	是否遵守学习、实训场地的规章制度	

续上表

序号	评 价 项 目	评 价 情 况
5	是否能保持学习、实训场地整洁	
6	团结协作情况	

参与评价的同学签名：_____　　　____年____月____日

❸ 教师评价

教师签名：_____　　　____年____月____日

四 技能考核标准

钣金手工成型知识考核表 满分100分　考核时间为40min			
序号	项目	操作内容	规定分	得分
一	安全防护	是否穿工作服	2	
		是否穿安全鞋	2	
		是否戴棉丝手套操作	2	
二	工具使用规范	能否正确使用线型凿	5	
		能否正确使用圆头锤	5	
		能否正确使用方木	5	
三	折弯方法	折弯时未使用线型凿	5	
		折弯时未分次敲击	5	
四	质量控制	成型后表面有明显锤印痕迹	10	
		经线有明显弯曲现象	10	
		箱体表面高低误差超出1mm	10	
		箱体成型后有明显扭曲现象	10	
五	尺寸质量	长、宽、高尺寸误差超出5mm	10	
		对角线误差超出5mm	10	
六	车间7S管理	是否大声吵闹	2	
		是否乱扔垃圾	2	
		是否安7S标准整理工位及场地	5	
		总分	100	
教师签名：			

学习任务6　前翼子板局部手工成型

  学习目标

★ 知识目标

1. 了解翼子板在车身结构当中的作用及所用的材料；
2. 了解前翼子板的安装方法；
3. 掌握前翼子板与相邻零件的匹配关系。

★ 技能目标

1. 掌握翼子板手工成型的流程；
2. 会根据给定的不规则钣金构件,绘制展开放样图,并进行局部位置的手工成型操作。

 建议课时

10课时。

前翼子板总成所处的工作环境比车身其他构件的工作环境要恶劣,由于前翼子板的材料等因素决定,局部很容易产生锈蚀,即影响美观度,也影响使用性能和安全性能。现有一辆前翼子板裙部位置螺栓连接点腐蚀,需进行裙部位置局部手工成型。

一　理论知识准备

翼子板是车身零件中与外装饰匹配面最多、最复杂的一个零件。不同的车辆造型,翼子板与外装饰件在不同的匹配区域有着不同的匹配控制要求。近几年,由于车辆轻量化需要以及行人保护要求,翼子板的钣金用料也越来越薄,翼子板内部加强件数量和刚度相应减小,加之面积大,因此更容易产生变形。而且加之一些进口车辆的增加,一部分翼子板的配件需要进口,延长了修理周期。手工局部成型,可以克服以上问题。

（一）翼子板的作用

翼子板是遮盖车轮的车身外板,因旧式车身该部件形状及位置似鸟翼而得名。按照安装位置的不同,可分为前翼子板和后翼子板,见图6-1。

a)前翼子板件　　　　　　　b)后翼子板件(局部侧围)

图6-1　翼子板

前翼子板件是轿车总装中的直属件,由板厚0.6~1.2mm的优质碳素钢板冲压而成。前翼子板与前翼子板衬垫用螺钉组合后,安装于轿车前部左右侧面,成为车身前部侧面的保护面,同时也使侧面形成流线型,增强美感并减少空气阻力,但其尺寸要保证前轮转动及跳动时的最大极限空间。

后翼子板不存在车轮转动碰擦的问题,但出于空气动力学的考虑,后翼子板略显拱形弧线向外凸出。现在大部分轿车的后翼子板与车身主体设计成为一个整体,统称为侧围,如图6-2所示。

图6-2　车身总成

(二)翼子板的材料

翼子板的材料通常为钢板、铝板、轻金属材料及复合材料等。目前的汽车生产中,使用得最多的为普通低碳钢板,普通低碳钢板具有很好的塑性加工性能,强度和刚度也能满足汽车车身的要求,同时能满足车身拼焊的要求,因此在汽车车身上得到广泛应用,如图6-3所示。

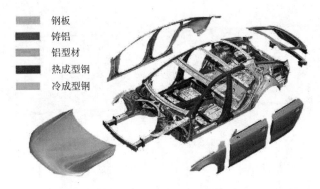

图6-3　车身材料结构示意图

由于材料是影响汽车质量的重要因素,车身材料占整车材料的很大部分,所以,减轻汽车车身质量是世界各大汽车公司追求的目标。近年来越来越多地使用铝或塑料等非钢铁材料,例如奥迪 A2 全铝制车身,日产汽车 SUV 奇骏用塑料做前翼子板,非钢铁材料得到日益广泛的应用。

(三)前翼子板的几何形状特点

翼子板通常是复杂的空间自由曲面,图 6-4 为某轿车的前翼子板的外观图。

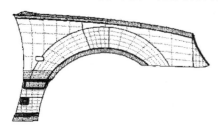

从图中可以看到,它有着清晰的装饰棱线及高度流畅光顺的表面,几何形状上具有如下特点:

(1)拉深深度深可达 170～240mm。

(2)外形复杂又不对称,本身是空间曲面,且一般是不可展曲面。

(3)有外凸或内凹的底,或大台阶形底。

图 6-4　某轿车前翼子板示意图

(4)如把前翼子板划分为若干近似规则曲面,则它是由若干小曲面片拼接而成,且多数曲面片之间是光滑连接。

(四)翼子板安装方法

零件的安装方法各种各样,且各有优缺点,了解不同的安装方法,有助于修理工更好的修理受损车辆,而翼子板的安装方法主要分为三种。

1　圆孔配合的翼子板安装方法

这种方法在欧美老车型中广泛使用,在车身及翼子板上分别冲出同直径的翼子板安装孔,使用自攻螺钉安装翼子板,如图 6-5 所示(桑塔纳 3000 前翼子板安装图)。

圆孔配合安装法最大的优点是翼子板拆装和安装时间短。其缺点是安装孔位置尺寸发生偏差时调整量大且返修困难,如果采用在零件上冲孔后拼焊,累积误差大。

2　分体式的翼子板安装方法

日韩车系多采用这种安装方法,车身上有制造时预先安装好的螺栓孔,使用螺栓安装翼子板,如图 6-6 所示(马自达 6 前翼子板安装图)。

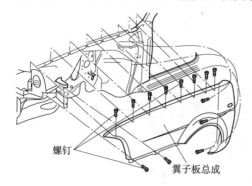

图 6-5　圆孔配合安装方法

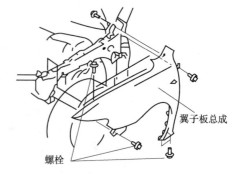

图 6-6　分体式安装方法

分体式翼子板的优点有,翼子板安装时间短,制造成本低,零件位置易于调整,适合多车型共线生产。而缺点为尺寸波动大,翼子板不容易保证安装位置的左右一致性。

❸ 整体框架式的翼子板安装方法

整体框架式翼子板安装方法目前在很多汽车制造厂广泛应用,具有独立的定位系统,甚至有些车型将前盖与翼子板定位后同时安装,以确保前盖与翼子板之间的匹配尺寸,如图 6-7 所示(大众速腾前翼子板安装图)。

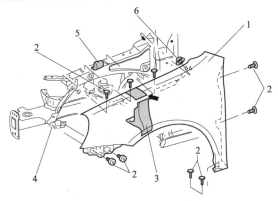

图 6-7 整体式框架式安装方法
1-翼子板总成;2-螺栓;3-泡沫件;4-翼子板支撑件;5-泡沫成型件;6-螺母(定位点)

(1)优点:
①翼子板安装位置左右一致性好,尺寸稳定;
②可以通过共同的安装点在车身上定位,缩短零件尺寸匹配时间。
(2)缺点:
①安装操作时间比较长,由于采用整体式框架结构,增加了安装升降和前后移动的时间;
②复杂的定位系统以及各种车型不同的安装控制点,造成了每种车型都需要自己唯一的翼子板安装工序。

(五)前翼子板的匹配关系

车身外覆盖件中,由于翼子板所处位置的特殊性而成为匹配关系最为复杂的部件。对轿车而言,翼子板通常与前照灯、前保险杠、发动机罩、前门以及 A 柱都有直接匹配关系,如图 6-8 所示,其与周围部件的匹配质量成为了影响车身美观的关键因素。

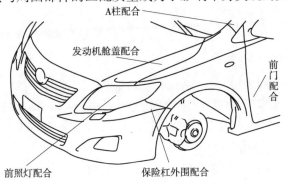

图 6-8 前翼子板与周围部件匹配关系

汽车前翼子板基本都是独立的,因为前翼子板碰撞机会比较多,采用独立装配,容易整件更换,而其配合间隙也由为重要。

(1)翼子板前部与前保险杠外围的配合需考虑前照灯的安装和维修的方便性,一般的间隙为0.5mm左右。

(2)翼子板与发动机舱盖的配合不但影响发动机舱盖的开闭,也关系到翼子板的流水槽,一般两者的间隙在5mm左右。

(3)翼子板与前门结合处的配合,对于前门能否正常开启至关重要,一般的间隙在5mm左右。

(六)前翼子板的结构

现代制造的翼子板结构与传统的翼子板结构有很大的区别,传统翼子板由外板和内板加强件组成,并用树脂或电阻点焊等形式将其连成一体。而现代的翼子板结构处于对行人的安全性考虑,在发生碰撞等事故时,容易变形,所以取消了传统翼子板的内板加强件设计,改而替代使用塑料泡沫材料。不但考虑到安全性,也起到翼子板安装后强度不足而引起噪声,有一定的隔音作用,如图6-9所示。

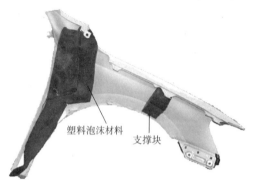

图6-9 翼子板内部结构

前翼子板总成与车身挡泥板、翼子板下支架、翼子板内衬等部件的连接固定,通常用螺钉、螺栓、卡扣等连接固定。

二 任务实施

1 准备工作

(1)操作平台1张。
(2)放样展开工具1套。
(3)剪切下料工具1套。
(4)手工成型工具1套。
(5)翼子板架及翼子板(赛欧)1套。
(6)制作板材1张。

2 技术要求与注意事项

(1)所划的轮廓线即为毛坯或半成品的加工界限和依据,所划的基准点或线是工件安装时的标记或校正线。要求是:尺寸准确、位置正确、线条清晰、冲眼均匀。

(2)剪切时剪刀与板料的接处位置应保持2/3以上,剪刃与板料应为垂直,禁止使用剪刀的头部进行板材的剪切。

(3)板料剪切后,端面要保持平顺,不能有毛刺,剪切下料的误差应小于1mm。

(4)能根据相关质量标准及技术要求对一般构件进行尺寸、形状、位置和接缝外观等的检验。

（5）能使用手工工具和模具进行复杂构件的冷成形，并能独立操作一般构件的定位焊接、整体焊接。

3 实训器材

钣金工作台	翼子板架及翼子板	放样纸	橡胶垫
铁吸盘	划线笔及铅笔	划规	圆头锤
木锤	弯头铁皮剪	直头铁皮剪	样冲
方木	弧型线凿	平型线凿	纸剪刀

4 操作步骤

一、放样与展开

1. 判断腐蚀范围，并确定局部更换位置

提示：

（1）切割更换位置，需根据腐蚀的程度而定，腐蚀范围超过 1/2，则更换总成，腐蚀范围小于 1/4 时，可局部切割更换；

（2）确定局部更换时，切割位置需避开安装孔、固定点、加强件等部位

2. 放样纸放置于局部更换位置，作对比

提示：

纸张需大于更换位置，并左右留出合适的距离，便于放样划线操作

续上表

一、放样与展开	
3. 铁吸盘固定放样纸 提示： 固定放样纸时，要求放样纸与板件完全贴合，不能留有间隙	
4. 表面边缘线放样划线 提示： (1) 手按住放样纸与板件贴合面边缘，使用铅笔沿贴合边缘划轮廓线； (2) 沿边缘划轮廓线时，双手要配合紧密，划到哪里，支撑手要跟到哪里	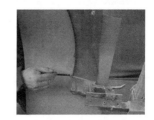
5. 放样纸折边 提示： (1) 第一道划线完成后，沿所画轮廓线和板件的贴合边缘进行折边； (2) 折边时，放样纸与板件需完全贴合，不能留有间隙，保证放样尺寸的准确性	
6. 内侧边缘线放样划线 提示： 划第一道边缘线的同样方法，划出收边位置线	
7. 表面轮廓线放样划线 提示： 用手紧压数次表面凹凸轮廓线位置，再使用划规按轮廓印子划出放样轮廓线	
8. 放样划线后的展开示意图 提示： 放样纸的反面也有展开图，这里不加以说明	

续上表

二、打样	
1. 裁剪放样图外边缘轮廓线	
2. 外边缘打样 提示： 纸剪刀裁剪下的样板放于板材上，并用铁吸盘固定，然后用划线笔在板材上划出外边缘轮廓线打样	
3. 裁剪放样图内边缘轮廓线 提示： 用外边缘轮廓线的打样方法，打样内边缘轮廓	
4. 裁剪放样图表面轮廓线 提示： 用外边缘轮廓线的打样方法，打样表面轮廓线	
5. 中心孔定位 提示： (1) 铁锤配合样冲，将固定用中心孔定位； (2) 打样工序完成后，取下样板纸	
三、下料	
1. 裁剪板材 提示： (1) 铁皮剪剪切外边缘多余的板材，剪切时，应符合相应的技术标准； (2) 圆弧部位使用弯头铁皮剪剪切，直线部位使用直头铁皮剪剪切	

续上表

三、下料	
2. 板材整平 提示： (1) 板材置于钣金平台上，用圆头锤敲击板材，将板材裁剪位置的变形整平； (2) 敲击板材的力度要合适，防止在板材上出现锤印	
四、成型	
1. 折弯线成型 提示： (1) 线型凿对准折弯处的经线，使用圆头锤敲击线型凿头部，使折弯处的经线出现一定量的变形（需分次敲击3~5次）； (2) 敲击时，板材下面需垫橡胶垫，禁止直接在钣金工作平台上直接敲击； (3) 线型凿移动时注意平稳移动，每次移动不要超出线型凿刃长度的1/2	
2. 折弯 提示： (1) 板材置于钣金工作台边缘棱角处，木锤对准折弯线敲击； (2) 折弯时，要分次敲击板材，木锤敲击的移动量不要超出一次敲击长度的1/2	
3. 折弯 提示： 直线条折弯用钣金工作台的直线棱角边，弧线折弯用钣金工作台的圆角棱角边	
4. 折弯修正 提示： 板材置于橡胶垫上，用方木顶住板材，再次用线型凿和手锤敲击折弯线，修正至合适位置	
5. 表面轮廓线成型 提示： 表面轮廓线成型方法同折弯线成型	

续上表

四、成型	
6. 收边 提示： （1）板材置于橡胶垫上，用木锤敲击板材折弯处收边； （2）敲击方法同折弯操作； （3）下表面的折弯和收边操作同上，不加以说明	
7. 打孔 提示： 安装孔打孔操作不加以说明，参照项目四学习任务11	
8. 成型工件对比 提示： 成型工件与局部切割更换板件对比，如有尺寸误差，需进一步修正，直至符合尺寸要求	
五、7S 整理	
7S 整理 提示： 按照 7S 管理标准，整理操作工位及场地	

三 评价与反馈

1 自我评价

（1）通过本任务的学习你是否已经掌握以下内容：

①翼子板的手工成型流程是怎么样的？

②翼子板的手工成型过程中应符合哪些技术要求？

③手工成型中折弯的方式如何选择？

（2）实训过程完成情况如何？

（3）通过本任务的学习，你认为自己的知识和技能还有哪些欠缺？

签名：_____　　_____年____月____日

❷ 小组评价

序号	评价项目	评价情况
1	着装是否符合要求	
2	是否能合理规范地使用仪器和设备	
3	是否按照安全和规范的流程操作	
4	是否遵守学习、实训场地的规章制度	
5	是否能保持学习、实训场地整洁	
6	团结协作情况	

参与评价的同学签名：_____　　_____年____月____日

❸ 教师评价

教师签名：_____　　_____年____月____日

四 技能考核标准

前翼子板局部手工成型知识考核表
满分100分　　考核时间为120min

序号	项目	操作内容	规定分	得分
一	安全防护	是否穿工作服	2	
		是否穿安全鞋	2	
		是否戴棉丝手套操作	2	
二	工具使用规范	能否正确使用线型凿	5	
		能否正确使用圆头锤	5	
		能否正确使用方木	5	
		能否正确使用钣金剪	5	
三	放样与打样	放样工艺是否正确	5	
		打样工艺是否正确	5	

续上表

序号	项目	操作内容	规定分	得分
四	下料	下料工艺是否正确	5	
		下料工具选用是否正确	5	
五	折弯方法	折弯时未使用线型凿	5	
		折弯时未分次敲击	5	
六	质量控制	成型后表面有明显锤印痕迹	5	
		经线有明显弯曲现象	10	
		翼子板表面高低误差超出 1mm	5	
		翼子板成型后有明显扭曲现象	5	
七	尺寸质量	长、宽、高尺寸误差超出 5mm	5	
		对角线误差超出 5mm	5	
八	车间 7S 管理	是否大声吵闹	2	
		是否乱扔垃圾	2	
		是否安 7S 标准整理工位及场地	5	
		总分	100	
教师签名：				

项目三 钣金修理

学习任务7 手工整形

 学习目标

 知识目标

1. 了解常见钣金手工整形工具的名称、使用方法和用途;
2. 了解车身局部凹凸变形的修复方法和修复工艺过程;
3. 了解板件修复中的安全事项及个人防护。

技能目标

1. 掌握使用垫铁、钣金锤、匙形铁对钢板不同变形的修理方法;
2. 会根据不同局部凹凸变形,选择合适的手工成形工具,并进行修复操作。

建议课时

6课时。

 任务描述

车辆停于狭小的空间,开车门时用力过大,门板受到侧面撞击,出现凹陷损伤,受撞击力影响,门板与内侧玻璃升降器接触部位出现隆起。

 一 理论知识准备

车身金属板件的修理过程中需要许多工具,手动工具是车身维修人员每天都要用到的通用工具,其中包括手锤、垫铁、匙形铁、撬镐等。

（一）手锤

车身维修要用到许多各式各样的锤子,有些是专门为金属成形作业而制成特殊形状的专用锤子,而有些则是通用的锤子。

1 圆头锤

圆头锤是一种对所有钣金作业都有用的多用途工具,它比车身锤重,用于矫正弯曲的基础结构,修平严重变形部件和对车身部件粗整形,如图7-1所示。

一般圆头锤的质量应在284～454g之间,根据修理需求的不同选择相应质量的圆头锤,车身修理中通常使用这种锤。

图7-1 圆头锤

2 软锤

现在车身维修中所使用的软锤主要有两种,即橡胶锤和木锤,如图7-2所示。用于柔和地锤击薄钢板表面,且不会损坏漆膜表面涂层。经常与吸盘配合用于大面积的凹陷修复,当用吸杯将凹陷拉上来时,用橡胶锤或木锤围绕高起的点按圆周轨迹轻轻敲打。

a)橡胶锤　　　　　　b)木锤

图7-2 软锤

3 钣金锤

钣金锤一般用于车身维修当中的内、外部板件的锤击,受损的板件需用钣金锤一点一点地敲击过来,然后才可以刮涂腻子。

(1)钣金锤的种类及用途。

钣金锤是连续敲打车身钢板表面使其恢复基本形状的专用工具,它有许多不同的设计,有方头、平头、圆头以及尖头等等,分别用于手工成型作业加工中的校正、粗加工、精加工以及特殊用途,如表7-1所示。

钣金锤的种类及用途　　　　　　表7-1

序号	名称	图示	用途
1	重头锤		金属粗加工时,用来整平金属板面,敲平焊点和焊缝,粗修非常皱的金属板面,以及初步校直质量较重的金属板
2	双圆头锤		车身维修中,一般用来粗加工挡泥板、车门或柱杆顶部等,以及敲平车门的折边和校正定位夹等

续上表

序号	名称	图示	用途
3	短头风镐		风镐用来进行金属表面的精加工,敲平粗加工后遗留的小凹坑,从而使表面平整。风镐一头为圆形,另一头为尖形,用在如前挡泥板等这些操作不方便的部位,进行轻度的凿和金属加工以及收缩金属板面
4	长头风镐		一头为圆形长尖头,另一头为圆形平头,主要用来进行薄钢板粗加工后的校直和精加工时凿平局部的小凹点等,禁止在金属粗加工中使用
5	直凿风镐	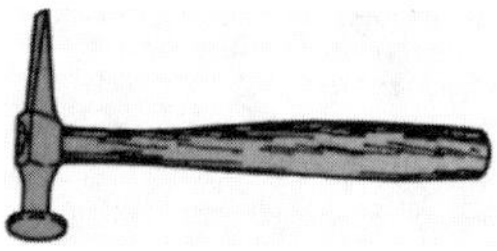	用来修理挡泥板,复原轮缘、饰条、大灯内框和机舱罩等,特别是在车身板件安装和条形结构件的焊接过程中手工修整板件的边缘和做凸缘时常用到该工具
6	弯凿风镐	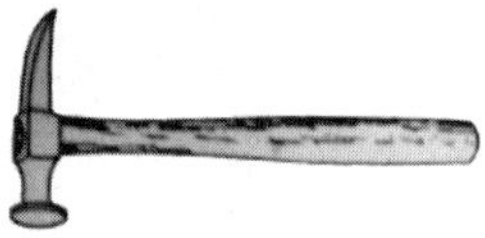	用来对车轮轮缘、装饰件、挡泥板凸缘和立柱杆顶部外缘等处的有棱角区域进行校直和精加工;还可以用来平整那些被车身的支撑件或框架构件所遮挡的凹陷
7	长镐	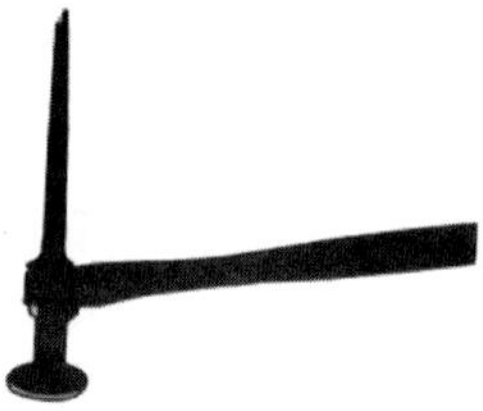	长镐的尖形头非常长,常用来加工挡泥板、车门的后行李舱盖侧板上的凸起
8	曲面轻击锤		用于拉直和校正一些凹陷曲面,例如挡泥板、前照灯、车门和行李舱盖侧板的凹陷等
9	挡泥板专用锤		是专门用来粗加工某些高隆起的金属面,例如挡泥板,还可以用来加工那些只有长的锤头才能达到的加强件;也可以与重型斧锤和大铁锤配合使用,粗加工车门槛板、轮罩、围板、行李舱盖侧板和严重撞伤的保险杠横梁等
10	尖锤		圆形锤面用在粗加工和校直工作中,大力度捶击修理区;尖头锤可以用来校直直角的车架元件、保险杠、保险杠托架等直条状结构件
11	收缩锤		有锯齿面或交错缝槽面的精修锤,这种锤用来收缩那些被过度捶击而延伸的部位

(2)钣金锤的使用方法。

钣金锤的使用首先应根据被修整部位的变形情况及材质特点,选用不同的钣金锤作业。如对薄板件和有色金属工件,应选用铜锤、木锤或硬质橡胶锤进行敲击。对于维修钣金件小凹陷,可用风镐逐个轻微敲击以修平这些微小的凹陷,如图7-3所示。

钣金锤的正确使用方法,用手轻松握住钣金锤手柄的端部(相当于手柄全长的1/4位置),锤柄下面的食指和中指应适当放松,小指和无名指则应相对紧一些,使之形成一个支点,拇指用于控制锤柄向下运动的力度,通过依靠手腕的动作来挥动锤子,并利用钣金锤敲击零件时产生的回弹力沿一个圆形的运动轨迹来敲击,这样能更好地控制锤子,如图7-4所示。禁止像钉钉子那样让锤子沿直线轨迹运动,也不允许用手臂或肩部的力量。

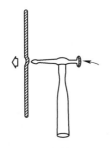
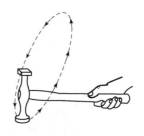

图7-3 风镐修平微小凹陷　　图7-4 钣金锤的正确敲击方法

由于很少的几次猛烈敲击对金属造成的延展量比多次轻微敲击对金属造成的延展量还要大,因此以100~120次/min的频率施行轻微敲击能够将延展变形控制在最小范围内。

锤击作业质量的关键在于落点的选择,一般应遵循"先大后小、先强后弱"的原则,从变形较大处起顺序敲打,并保证锤头以平面落在金属表面上。同时还要注意分析构件的结构强度,有序排列钣金锤的落点。锤击过程中应保证间隔均匀、排列有序,直至将车身覆盖件损伤修平。

大多数锤子端部都有微微的曲面,所以锤子端部与金属的实际接触面积只有直径为10~13mm的面积。因此,应根据构件表面形状、金属板厚度以及变形的大小,来合理选择钣金锤的尺寸和锤头曲面的隆起高度,如图7-5所示。

一般平面或稍许曲面的钣金锤适合于修复平面或低幅度隆起表面;凹形或球形锤则适合修复内边曲面板;重锤则适用于粗加工或厚板构件的修复。

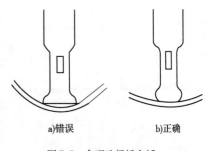

图7-5 合理选择钣金锤

(二)垫铁

修理车身损坏时,垫铁的作用像一个铁砧,用在粗加工和锤击加工中,可以用手握持,它通常被顶在修理板件的背面。用锤和垫铁一起作业使高起的部位下降,使低凹部位上升。

1 垫铁的种类及用途

由于板件的结构和形状不同,所以需要采用垫铁的形状也不同。每一种形状的垫铁只适用于某些特定形状的工作件。常见的垫铁有高隆起、中隆起、低隆起、平凸起以及几种隆起组合在一起的组合顶铁等,如表 7-2 所示。

垫铁的种类及用途　　　　　表 7-2

序号	名称	图示	特点及用途
1	通用垫铁		垫铁有多种隆起,可以用来粗加工挡泥板的隆起部分和车身的不同曲面;校正挡泥板凸缘、装饰条和轮缘;收缩平的金属面和隆起的金属面;修正焊接区等
2	低隆起垫铁		垫铁质量大,很容易控制在平面金属板上,常用来使金属板减薄和使薄的金属板收缩,可用于对车门内侧、发动机舱盖、挡泥板的平面和隆起面以及柱杆顶部,进行钣金加工
3	逗号形垫铁		垫铁弧面变形量大,用来维修狭小的空间部位。可用于对车门内侧、发动机舱盖、挡泥板的内表面与结构性板件接触的狭小位置进行钣金加工
4	足跟形垫铁		用来在板件上形成较大形状的凸起,校直高隆起或低隆起的金属板、长形结构件和平面板件
5	足尖形垫铁		是一种专门设计的组合平面垫铁,用来收缩车门板、挡泥板裙板、柱杆顶部和汽车各种盖板,也可用来在挡泥板的底部形成卷边和凸缘。特别适合于粗加工金属板件,因为它的一个面非常平而另外一面微微隆起。使用该种垫铁时,不要过度捶击
6	卷边垫铁		用来形成各种大小的卷边。垫铁较大的一端用来形成大而宽的卷边,而较小的一端用来形成较窄的卷边。有时也可用它在薄金属板上形成小的凹痕

工作时,所选用垫铁隆起的直径应比加工件的隆起直径略小,其质量为铁锤的 3 倍为适当。垫铁的工作面应保持光滑、干净,不要存在油污、涂料以及毛刺,否则会影响加工质量。

2 垫铁的使用

垫铁在钣金修平作业中起很大作用,凡是能够放入垫铁的部位,车身壁板表面发生的凹凸变形,均可使用垫铁进行修整。

粗加工过程中,垫铁相当于一个敲击工具,垫铁敲击或压迫损伤的车身覆盖件的内面,顶起金属板的内面并展平弯曲变形的金属板。在精加工过程中,垫铁可以用来修正较小或较浅的不平内表面。此外,垫铁还可以视需要用于延展金属和消除内应力。

所有的敲打和拉展的操作中,应将垫铁放在受损板件的内面,用前臂对其施加压力而使其抵在金属的内表面上,敲击时,垫铁起到了铁砧的作用,如图7-6所示。

选择垫铁时,应记住要选择垫铁的工作表面必须与所修正的工件形状基本一致(即半径与要修理的金属板件的曲面一样大或略小一些)的垫铁,不然会造成新的损坏,如图7-7所示。

图7-6 垫铁的正确使用

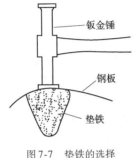
图7-7 垫铁的选择

(三)车身表面凹凸变形的手工整形

修复车身表面凹凸变形可用锤击法、吸拔法、拉锤拉拔法等方法。根据变形的程度和部位,可选择一种或多种方法进行综合修复。本文介绍锤击法整形。

锤击法分为实敲法和虚敲法两种。

前翼子板、后翼子板后段、后下围板、车顶钢板中段、发动机机舱罩外板及行李舱盖外板的变形部位,都可以用手锤和垫铁进行实敲法和虚敲法进行手工整形,使变形恢复原状。实敲是采用正托法操作,虚敲是偏托法操作,如图7-8所示。

图7-8 锤击法

1 虚敲法

铁锤不在垫铁上敲击的方法,俗称虚敲法。用于同时升高凹陷部位和降低凸起部位。锤子将金属板朝放置垫铁的一侧轻轻敲击。这种方法通常是在初始矫正期间对较大变形区域的大致修复和成形。在这个工序中,用手将垫铁放在金属板背面最底部的下面,然后用锤子敲击垫铁附近的凸起部位,锤子要偏向垫铁的一侧,而不是直接敲打垫铁的顶部。

(1)虚敲修复大面积凹陷。

虚敲法整修钢板的大面积凹陷时,如图7-9

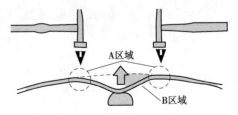
图7-9 虚敲修复大面积凹陷

所示,由于 B 区域向下凹陷造成的周围 A 区域塑性变形。钢板外侧没有较高的部位,如果用垫铁压出钢板的凹陷,则在 A 部位会出现凸起,整修时使用垫铁将 B 部位压出,使用手锤敲下 A 部位的凸起。将 A 区域敲下时,则 B 区域(使用垫铁压着)将渐渐被整修平顺。

(2)虚敲修复大面积凸点。

虚敲法修复大面积凸点时,钢板的最凸出部位为塑性变形区域,也是抑制弹性变形的区域,修理时应先释放塑性变形区域的应力,如图 7-10a)所示。当塑性变形区域应力被释放后,钢板渐渐地整修成原来的弹性变形状态,此时,转换垫铁用力位置顶出凹陷部位,再用手锤敲击凸点,如图 7-10b)所示。通过几次反复敲击后,如图 7-10c)所示,钢板的形状已经恢复成形,但钢板表面仍会残留一些凹陷,此时要用实敲法进行修复。

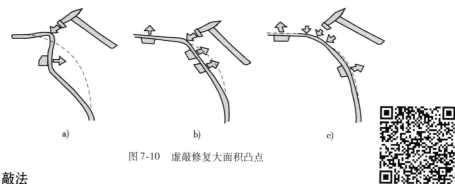

图 7-10　虚敲修复大面积凸点

2 实敲法

铁锤在垫铁上敲击的方法,俗称实敲法。用于对较小面积损伤的金属板进行敲击,使其平滑。垫铁放在损伤处的背面,铁锤在垫铁顶部的正上方敲击金属板。这样在垫铁和铁锤之间的金属板上作用一个收缩力,小块损伤金属板就在垫铁和铁锤之间被展平。

(1)实敲修复小面积凹陷。

板表面产生小的凹陷时,使用垫铁向外压出(与虚敲手法相同),并从外侧使用铁锤敲击钢板凹陷的部位,如果不实施压出作业,则手锤敲击钢板的部位会出现圆形的凹陷,如图 7-11 所示。

实敲手法整修小凹陷的钢板,要注意避免因敲击的次数过多,钢板被过度延展。当钢板表面受到敲击时,被敲击部位的金属就会变薄而且面积变大,但这块金属受到周围金属的束缚,不能向外扩张,于是多余的金属就会向上凸起或向下凹陷,这就是产生过度延展的危害。

(2)实敲修复小面积凸点。

钢板表面产生小的凸点时,此时不需要使用垫铁将钢板压出,只需要轻轻靠着钢板内侧,然后手锤将凸点敲下,如图 7-12 所示。

　　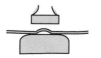

图 7-11　实敲修复小面积凹陷　　图 7-12　实敲修复小面积凸点

车身钣金件变形手工整形修复的检验标准:碰撞的钣金件手工整形安装后,整个车身表面钢板应能达到高低一致、左右对称、附件齐备、功能可靠、线条平直、滑顺流畅、门密封良好的技术要求;不允许对整形不彻底的复杂、狭窄部位用原子灰填补。如果达不到这种检验标准,就属不合格的手工整形。

(四)匙形铁

匙形铁是车身修理的特殊工具,其作用类似锤子或顶铁,主要用于抛光金属表面,所以也叫修平刀。匙形铁可与不同的面板形状匹配使用,也可当作垫铁使用,如图7-13所示。

1 匙形铁修复外表面损伤

匙形铁主要用于抛光表面,可以把敲打力分布到一个较大的区域上,从而迅速把隆起敲平,并且不损坏板件的其他部位。操作时与锤子配合使用,把匙形铁直接放在隆起表面处,用锤子敲打匙形铁即可,如图7-14所示。其平直表面把敲打力分布在宽的表面上,可将被光整表面的皱折和凸起修平。匙形铁也可以用来敲平操作空间有限部位的小凹痕,可以在构件的内、外板之间,操作空间狭小且不能用普通垫铁的地方作垫铁使用。

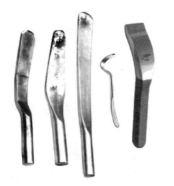
图7-13 不同类型的匙形铁

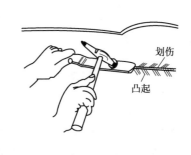
图7-14 匙形铁的使用

匙形铁的工作面应保持光滑和清洁。防止在油漆面上留下痕迹,可以在匙形铁和加工板件表面贴上胶带或明胶,然后进行操作。

2 匙形铁修复内表面损伤

对于难以放入垫铁的弧形内表面凹陷,可使用匙形铁代替垫,使用修平刀修复,如图7-15所示。

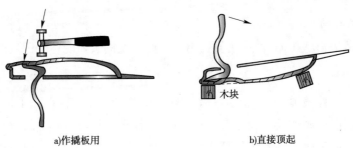
a)作撬板用　　　　b)直接顶起

图7-15 匙形铁作垫铁使用

使用匙形铁代替垫铁修复时,将匙形铁插入并抵住凹陷部位,用木锤或尼龙锤敲击凹陷周围的隆起,使变形逐渐减轻,甚至也可用匙形铁将凹陷板面直接顶起。当修平至一定程度时,再改用金属锤对变形进一步修整。匙形铁在形状上要求与修复表面相近,工作面的宽度应大于修复面。匙形铁在粗平过程中主要起支撑作用,接触面积过小则很容易使金属表面留下印痕。

(五)撬镐

撬镐只用作撬起凹陷点,它们有不同的长度和形状,大多数有U形末端把手。撬镐可以用来升起门后端侧板和其他气密的车身部位上的凹陷点。撬镐通常比滑锤和拉锤好用,它们不需要在板件上钻孔或焊接附件,不会损伤漆面,如图7-16所示。

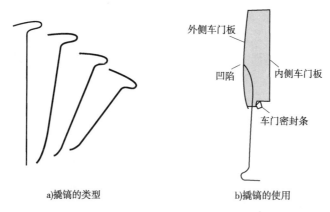

图7-16 撬镐

当损坏的车身板件已经经过校正、拉直等粗加工后,如果表面仍存在一些小的不规则麻点或小凹点,而用常规的工具不能去除时,就应选用撬镐进行精加工。撬镐适用于板件的内侧等狭窄而垫铁不易伸入的部位,它可以伸入到狭小的空间内,撬起小的凹痕和沟缝。

1 小弧度撬镐

端部为一个小弧度的镐头,U形端为把手。用在车门、车门槛板和后顶盖侧板等处。使用时,把撬镐通过板件上的孔穿入结构内部,使镐头对准板件上小的凹点,在手把上用力撬即可。

2 大弧度撬镐

与小弧度撬镐形状相似,但镐头长。用在需要较长镐头才能达到凹痕的情况下。

(六)钣金锉

钣金锉是用来修整锤、垫铁、匙形铁等钣金工具作业留下来的凸凹不平痕迹的钣金专用工具。它与锉削金属件的一般锉刀是有区别的,钣金锉只与凸起金属材料接触,适用于对加工后较粗糙的表面进行光洁处理作业。另外,利用钣金锉还可以检验板件平面修复是否平整。在撞伤板件已经被粗加工后,可轻轻地使用钣金锉,目的不是锉掉金属,而是通过锉痕找出不平处的位置,显露出板件上需要再敲击的小凹凸点,以便再次用手锤和垫铁修正板件表面的平整度,如图 7-17 所示。

使用钣金锉作业时,要与板面成适当的角度而不是顺着锉刀直线运动,如果顺着钣金锉直线运动,会把板面锉出凹痕。而且仅轻轻加压力于锉刀上进行推锉即可,太重的压力将使锉过分切削金属面,但是也需要有适当的压力以防止锉刀跳动。

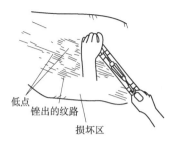

图 7-17 钣金锉检查修理表面

二 任务实施

❶ 准备工作

(1)钣金手工整形修复工具 1 套。
(2)车门固定支架 1 个。
(3)车门架及门皮(凯美瑞右车门)1 套。
(4)工作台 1 张。
(5)防护用品 1 套(工作服、手套、防护眼镜、耳罩、绝缘鞋)。
(6)夹紧固定装置(6 把鱼嘴型大力钳)。

❷ 技术要求与注意事项

(1)使用钣金锤时应握住铁锤手柄末端,使用手腕的力量进行环形运动敲击。
(2)在使用钣金锤敲击金属板时,钣金锤锤面或手柄应与金属板保持平衡,以免对金属板造成损伤。
(3)在使用实敲法敲击金属板时,钣金锤与垫铁只能敲击凹陷或者凸起的位置。
(4)在敲击金属板时,要掌握好敲击的力度,以免造成过度损伤。

❸ 实训器材

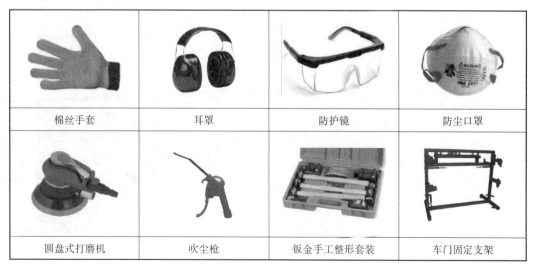

4 操作步骤

一、维修人员个人防护	
穿戴防护用品 提示： 门板修复手工整形操作过程需进行打磨、敲击等的作业，应做好呼吸系统、眼睛、耳朵及身体的防护	
二、判断损伤范围	
1. 目视判断法 提示： (1) 从正面、侧面、上面、下面分别观察损伤区域的变形量情况，通过目视判断损伤的类型、程度、范围，初步确立整形方案； (2) 也可通过另外两种判断损伤范围的方初步确立整形方案，分别是手摸法和测量法，可参照项目三学习任务8和学习任务9	
2. 直尺测量法 提示： 利用直尺测量损伤区域，并用记号笔标记最大损伤直径	
3. 连接损伤区域 提示： 记号笔连接测量时作出的标记点	
三、损伤区域打磨	
1. 损伤区域的平面打磨 提示： 圆盘式打磨机配合60目砂纸，打磨损伤区域的平直表面	
2. 损伤区域凹陷位置打磨 提示： 带式打磨机配合带式砂纸，打磨损伤区域的凹陷表面	

续上表

四、手工整形	
1. 钣金锤、垫铁整形 提示： 垫铁垫于板件背面，利用实敲法、虚敲法的手段，对板件的凹陷部位进行手工修整	
2. 钣金锤的使用方法 提示： （1）手握锤柄最末端； （2）敲击时使用手腕的力量； （3）敲击时锤柄与金属板面保持平行	
3. 虚敲法敲击金属板受损区域 提示： 垫铁放置在损伤点最低处，钣金锤轻轻敲击放置垫铁的位置一侧	
4. 实敲法敲击金属板受损区域 提示： 铁锤轻轻敲击放置垫铁的位置	
5. 敲击微修金属板上的小高点或者小低点 提示： 微修时敲击的力度不能重，以免造成二次损伤	
6. 测量手工整形质量 提示： 直尺测量板件手工整形后的效果质量，并用记号笔标记出还有凹凸点的位置，便于再次整形需要处理的位置	

续上表

四、手工整形	
7. 钣金锤、垫铁再次手工整形 提示： 反复以上操作步，直至表面符合技术标准	
五、7S 整理	
7S 整理 提示： 按照7S 管理标准，整理操作工位及场地	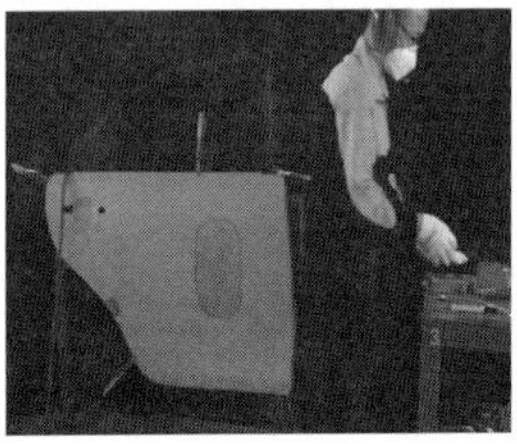

三 评价与反馈

❶ 自我评价

(1) 通过本任务的学习你是否已经掌握以下内容：

① 车门板的手工整形流程是怎么样的？

_____

② 车门板的手工整形过程中应符合哪些技术要求？

③ 手工整形中实敲法、虚敲法的方式如何选择？

(2) 实训过程完成情况如何？

(3) 通过本任务的学习，你认为自己的知识和技能还有哪些欠缺？

签名：_____　　_____年____月____日

❷ 小组评价

序号	评价项目	评价情况
1	着装是否符合要求	
2	是否能合理规范地使用仪器和设备	
3	是否按照安全和规范的流程操作	

续上表

序号	评价项目	评价情况
4	是否遵守学习、实训场地的规章制度	
5	是否能保持学习、实训场地整洁	
6	团结协作情况	

参与评价的同学签名：_____　_____年___月___日

❸ 教师评价

_____
_____
_____

教师签名：_____　_____年___月___日

四 技能考核标准

钣金手工整形知识考核表
满分100分　考核时间为40min

序号	项目	操作内容	规定分	得分
一	安全防护	操作时不戴手套	2	
		操作时不戴护目镜（戴眼镜不扣）	2	
		操作时不戴防尘口罩	2	
		操作时不戴耳罩	2	
		操作时不穿安全鞋	2	
二	工具使用规范	能否正确使用钣金锤	10	
		能否正确使用垫铁	10	
		能否正确圆盘式打磨机	10	
		能否正确使用带式打磨机	10	
三	质量控制	修复部位形状低于板面高度≥1mm 一处扣4分（长度≤5mm 为一处）	35（扣完为止）	
		修复部位形状高于板面高度>1mm 一处扣8分（长度≤5mm 为一处）		
		修复后，原折痕位置有明显痕迹一处扣1分（长度≤5mm 为一处）		
四	车间7S管理	是否大声吵闹	5	
		是否乱扔垃圾	5	
		是否安7S标准整理工位及场地	5	
	总分		100	
教师签名：				

学习任务 8　外形修复机整形

学习目标

知识目标

1. 了解外形修复机由哪些部件组成,以及其工作和拉拔原理;
2. 了解外形修复机修理损伤时,具有哪些功能及特点;
3. 了解板件修复过程中的安全事项及个人防护。

技能目标

1. 掌握使用外形修复机修理不同变形的方法;
2. 掌握热收缩的原理和使用外形修复机对钢板进行热收缩;
3. 掌握外形修复机修复钢板变形的工艺过程。

建议课时

6课时。

任务描述

汽车发生侧面碰撞,由于车门内侧有加强梁遮挡,但加强梁没有变形,无须更换。受损部位无法使用手工整形的方法进行维修作业,需采用外形修复机设备进行拉伸作业。

一　理论知识准备

现代汽车车身的结构工艺日趋复杂,空间结构非常紧凑,很难触及内部板件进行传统的修复工艺进行车身外板凹陷的修复。为适应现代汽车维修的发展,广泛利用一项新技术,即外形修复机修理车身外部损伤。

(一)外形修复机的拉拔原理及工作原理

汽车外形修复机是对车辆外表面进行整形修复的设备,外形修复机也称为介子机,为电阻焊的一种。采用高频脉冲电子控制电路,利用电极头上夹持各种附件与钢板接触,通过大电流,使接触部位产生电阻热,获取与需求相对应的各种功能。配合各种专用工具,无须拆卸车体即可在车体表面作业,能快捷完美地修复整形损坏部位,修复工作原理如图

8-1 所示。

车身外形修复机焊接后向外拉拔原理,等同于手锤与垫铁作业时的虚敲作业。虚敲作业是将垫铁放置在钢板凹陷较低的内侧部位,整形机修复是将介子焊接在钢板凹陷较低的外侧部位,向外拉出,以取代从内侧向外压出的垫铁,如图8-2所示。

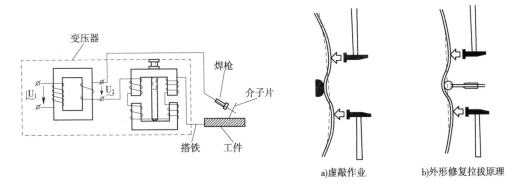

图 8-1　外形修复工作原理　　　　图 8-2　拉拔原理

(二)外形修复机的组成

外形修复机的主机内部结构并不复杂,从其工作原理可以看出,主要由交流焊机变压器、控制线路电路板、交流接触器及功能选择面板组成。根据修理时选择的功能不同,通过焊枪夹持各种专用附件,将其焊接于受损板件表面上,达到所需的修理目的,如图8-3所示。

a)外形修复机主机　　　b)外形修复机附件

图 8-3　外形修复机

(三)外形修复机的功能特点

外形修复机常用功能包括垫片焊接、蛇形线焊接、与滑动锤安装一起的三角片焊接及收缩作业等。市场上的外形修复机种类较多,功能不一,采用整形机修复工艺前,应仔细阅读整形机使用说明书,严格按照流程规范进行钢板修复作业。

❶ 介子片焊接配合拉锤作业

汽车钣金修复中,对于一般的撞击凹陷,可采用焊接单个或多个介子片(圆垫圈)配合拉锤修复,利用拉锤轻微撞击手柄时的撞击力将凹陷慢慢拉出使其复原,如图8-4所示。

a)铜头、介子片、圆垫圈

b)拉锤作业

图8-4　圆垫圈配合拉锤作业

操作方法：

（1）打磨旧漆膜。修复前将作业部位用打磨设备将旧漆膜除干净，另还需选取一个合适的离作业区域较近的部位也打磨干净，然后将搭铁线固定于该部位。

（2）焊接介子片（圆垫圈）。根据车体材料厚度，调整焊接时间与焊接电流的匹配参数，焊枪上插上开口铜头并紧固，然后将介子片（圆垫圈）插入铜头开口处，将介子片（圆垫圈）边缘轻轻抵于修复区域，按下开关作焊接操作，即完成介子片（圆垫圈）的焊接过程，若凹陷面积较大，可多焊几个介子片（圆垫圈）。

（3）拉锤拉伸修复。拉锤钩钩住介子片（圆垫圈），顺着拉锤轴向撞击惯性铁，有时需要反复数次，方可将凹陷部位的一个范围拉伸复原。

（4）拆卸介子片（圆垫圈）。修复后只要轻轻扭转介子片（圆垫圈）即可卸除。

❷ 蛇形条和抓拉钩配合拉锤作业

大面积的凹陷变形，单独焊接一个或多个介子片（圆垫圈）作业，即费时又费力。为了提高修复的工作效率，减轻劳动强度，可采用蛇形条作业，如图8-5所示。蛇形条和抓拉钩的修复原理与拉锤相似，与焊一排平行的介子片（圆垫圈）中间插一根铁棒，然后拉锤进行作业的原理相同。现在外形修复设备已很少配蛇形条和抓拉钩附件，主要原因为蛇形条焊接强度不够，容易烧断。

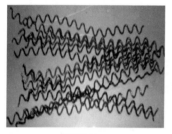
a)蛇形条

b)焊接

c)抓拉钩

图8-5　蛇形条和抓拉钩配合拉锤作业

操作方法：

（1）打磨旧漆膜。同介子片。

（2）焊接蛇形条。扁口铜头插入焊枪口并拧紧，机器处于手动状态，扁口铜头轻压蛇形条于修复区域,按下焊枪开关(注意要调好焊接电流与焊接时间,并控制好开关通断频率,否则很容易烧断蛇形条)进行焊接,反复多次将蛇形条的每个点都焊接完毕。

(3)拉锤拉伸修复。抓拉钩钩住蛇形条,利用拉锤轴向撞击惯性铁,进行修复作业。

❸ 真空吸盘配合拉锤作业

车身遭受损伤时,如果损伤部位面积较大但较为平顺,且漆膜没有划痕、脱落等现象。可采用真空吸盘配合拉锤对凹陷部位进行无损伤修复,利用吸盘在凹陷部位形成真空吸力,吸住凹陷板件表面,配合拉锤惯性作用实现修复,如图8-6所示。

操作方法:

(1)安装真空吸盘,必须将每个部位的螺钉拧紧,防止漏气和螺纹滑丝,损坏真空吸盘功能。

(2)快速接头连接真空吸盘与空气压缩机,将真空吸盘在大面积并且较为平滑的凹陷部位上,使吸盘吸住受损板件凹陷区域。

(3)拉锤向外撞,修复凹陷部位。

(4)用手捏住手柄上的孔,取下真空吸盘。

图8-6 真空吸盘配合拉锤作业

❹ 碳棒作业

碳棒具有与氧乙炔焊加热一样的功能,但是碳棒比氧乙炔焊加热更加集中的优点,碳棒加热变形小,不会降低板件强度,容易操作等优点。当车身钢板较厚,不能用单点焊接功能时,可用碳棒粘接。同时碳棒可进行热收缩、淬火的功能,如图8-7所示。

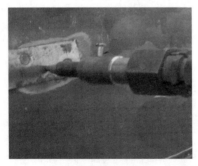
a)碳棒单点焊接功能

b)碳棒热收缩功能

图8-7 碳棒作业

(1)操作方法。

选择碳棒作业,根据板材的厚度,调整电压、电流调节开关,将碳棒插入枪口中,并用紧固碳棒固定(注意:碳棒太长影响使用时,可以将其折断使用更方便)。碳棒或铜电极直接指向工作面,按下焊枪开关,便可进行作业。

(2)收缩原理。

收缩的原理为热胀冷缩原理,一根两端都可以自由膨胀或收缩的钢条,当加热它时,钢条会膨胀;冷却时则会收缩回到的原来的尺寸,如图8-8所示。

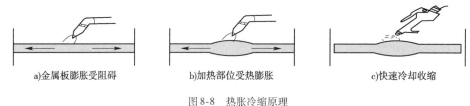

图 8-8 热胀冷缩原理

(四)拉拔方法及种类

拉拔方法分为单点拉拔和多点拉拔,也可称之局部拉拔、整体拉拔。单点拉拔,是指使用具有焊接电极头的拉锤焊接或焊接单个垫片,对局部或比较轻微的凹陷进行拉拔的方法。单点拉拔所影响的范围较小,通常以点的形式表现。整体拉拔是指焊接成排垫片或蛇形线等,通过一定的连接方式,使用人力或机械牵引,使每个垫片或蛇形线的焊接部位均匀受力,从而将损伤部位整体拉出的方法。这种将众多垫片焊接在一起整体拉拔的方法,也称拉环法、垫片穿轴法等。整体拉拔所影响的范围较大,通常以面的形式表现,一般针对大面积的双层结构板件、转角过渡处和车门立柱、车门槛板等较重的损伤。

采用外形修复机作业时,应根据损伤程度、面积、部位等实际情况,合理选择焊接方式与拉拔方法,常见拉拔方法有以下几种,见表 8-1。

拉拔方法及种类　　　　　　表 8-1

名称	简图	说明
单点拉拔		使用带有焊接电极头的拉拔锤,将电极头焊接于凹陷处,通过拉锤向外施加一个缓和的拉拔力,同时对凹陷周围的隆起部位向下敲击,也可利用拉拔锤的冲击力将凹陷部位拉出。通常运用于小面积或程度较轻的凹陷损伤
		单个介子片(圆垫圈)焊接于凹陷处,通过手拉拔器向外施加一个缓和的拉拔力,同时对凹陷周围的隆起部位向下敲击,也可利用拉拔锤的冲击力将凹陷部位拉出。适合于粗校正和强度高的凹陷修理
整体拉拔		介子片(圆垫圈)焊成一排,并用轴穿在一起,利用拉拔锤的冲击力将损伤部位拉出。操作简便,适合于大面积的凹陷损伤

续上表

名称	简 图	说 明
整体拉拔		介子片(圆垫圈)焊接后穿轴,使用专用工具,将两侧支撑点放置在钢板边缘具有足够强度的部位,通过调节杆,利用自身力量将凹陷拉出。此种方法机动性强,使用灵活快捷
		若干个介子片(圆垫圈)焊成一排,通过介子片(圆垫圈)穿轴,以便同时向多个介子片(圆垫圈)施加拉力,适合维修面积较大的损伤。在拉塔牵引的作用下,有利于控制力量的大小,链条也可以保持一定的拉力,拉伸同时方便进行其他操作,如锤击凹陷周围的隆起部位,拉拔周围较轻的凹陷部位,以消除应力

(五)外形修复机的使用方法

(1)判定损伤范围。

车身面板损伤部位及程度的判定,主要有目测法、手感法、钢板尺与样板规尺法等。损伤部位确定后,应进行标注,以正确确认损伤区域,如图8-9所示。

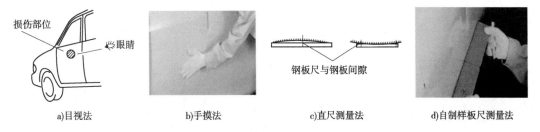

a)目视法　　　b)手摸法　　　c)直尺测量法　　　d)自制样板尺测量法

图8-9　损伤判断方法

(2)转换开关选择所需要的作业方式。

(3)磨除旧漆膜。

磨除旧漆膜前,应佩戴好防护用品,如手套、口罩、护目镜、耳塞等。单作用研磨机加注润滑油,使用60目砂纸等研磨设备正确安装至研磨机上,见图8-10,根据经验调整合适的转速,将研磨机倾斜一定角度,轻轻放于钢板损伤部位或预固定搭铁电极头的部位,开启开关将旧漆膜磨除。对于褶痕较深无法触及时应先消除应力,逐渐展开后再去除油漆,不易触及或凹陷较深的部位也可使用皮带式打磨机、手持砂纸或尖锐工具轻轻去除油漆层。研磨后应确保旧漆膜及油污清理干净,避免焊接瞬间出现火花伤及钢板。

通常损伤部位修复后的面积,由于周围弹性损伤的恢复而小于判定的损伤范围,即漆膜磨除的面积小于损伤判定范围,但有时弹性部位的油漆层,也会由于钢板变形出现轻微

a) 砂纸　　　　　　　b) 黑金钢磨头　　　　　　c) 橡胶磨头

图 8-10　研磨头

开裂现象,所以有的厂家要求,漆膜磨除面积应大于损伤范围。

(4) 把搭铁线连接到离损伤部件较近的地方。连接的方法是用搭铁的夹钳夹住金属板或直接把搭铁线焊接到金属板上。

(5) 把介子片(圆垫圈)安装到焊枪上,焊枪的触头一般有磁性可以吸住介子片(圆垫圈),把介子片(圆垫圈)抵在凹陷处的金属板上。

(6) 按下焊枪的开关,通电后介子片(圆垫圈)就焊接在金属板上了。然后就可以使用拉出器对金属板进行拉伸修复。

(7) 拆除使用过的介子片(圆垫圈)时,用钳子夹住后,左右拧就可以轻松拆下来。

(8) 拉伸修复操作完成后,在盘式打磨机上装上打磨纸,轻轻地对金属板表面进行整体打磨,把焊接印打磨掉。

(9) 最后把金属板上去除涂层的部分进行防腐处理,注意金属板上焊点的反面和搭铁都要进行处理。

二　任务实施

1　准备工作

(1) 外形修复机设备及附件 1 套。

(2) 车门固定支架 1 个。

(3) 车门架及门皮(马自达 6 右车门) 1 套。

(4) 工作台 1 张。

(5) 防护用品 1 套(工作服、手套、防护眼镜、耳罩、绝缘鞋)。

(6) 夹紧固定装置(6 把鱼嘴型大力钳)。

2　技术要求与注意事项

(1) 打磨旧漆膜时,一定要打磨干净,防止在使用外形修复机焊接时对受损区造成二次损伤。

(2) 外形修复机焊接时,必须匹配焊接电流和焊接时间,并在相应位置进行试焊,防止因焊接电流过大或焊接时间过长,烧穿板件。

(3) 拉伸修复作业时,拉锤与板件成垂直角度,沿受损力相反方向拉伸修复板件。

(4) 修复完毕,使用研磨设备将板件的焊接氧化点彻底打磨干净,并需对维修板件表面及背面做防腐处理。

项目三 钣金修理

❸ 实训器材

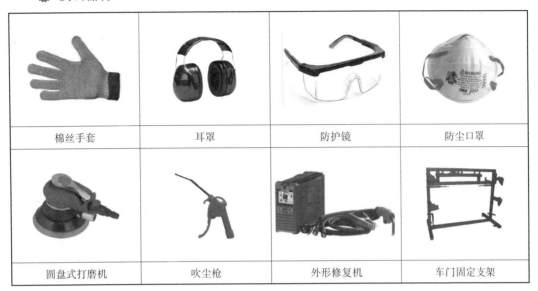

棉丝手套	耳罩	防护镜	防尘口罩
圆盘式打磨机	吹尘枪	外形修复机	车门固定支架

❹ 操作步骤

一、维修人员个人防护	
穿戴防护用品 提示： 门板修复手工整形操作过程需进行打磨、敲击等作业,应做好呼吸系统、眼睛、耳朵及身体的防护	
二、判断损伤范围(参照项目三学习任务7操作)	
三、损伤区域打磨(参照项目三学习任务7操作)	
四、外形修复机的使用	
1. 外形修复机附件的拉锤安装 提示： 拉锤附件插入焊枪的开口处,并用螺栓拧紧工具,拧紧焊枪固定螺栓	
2. 外形修复机的搭铁夹持 提示： 搭铁放于受损门板预先打磨好的搭铁区域,并利用相应的固定工具固定外形修复机的搭铁线	

续上表

四、外形修复机使用	
3. 调节外形修复机参数 提示： 打开外形修复机的控制开关，选择三角片焊接功能，并匹配焊接电流与焊接时间的参数	
4. 三角焊片拉伸作业功能试焊 提示： （1）靠近搭铁较近且不必修理的位置进行试焊，观察试焊点形状，根据实际修理所需的焊接强度进行适当的调整； （2）通常凹陷越深所需的焊接强度越大，相反则越小	
5. 门板整形作业 提示： 三角焊片焊于门板损伤区域，利用惯性锤的撞击力将凹陷损伤沿受损力相反方向拉出，拉伸操作过程中，需不时地用钣金锤敲击三角焊片周围，以达到放松应力，直至修复平整	
6. 功能键选择收火作业 提示： 按动选择功能键按钮，将外形修复机调至收火作业功能，并调节焊接电流至适当的参数值	
7. 收火作业功能试焊 提示： 靠近搭铁较近且不必修理的位置进行试焊，观察试焊点热收缩加热情况，根据实际修理所需的热缩收热量进行适当的调整	

续上表

四、外形修复机使用	
8.热收缩作业 提示： （1）热收缩作业需根据门板修复时的凸点情况，决定碳棒在板件上的停留时间； （2）热收缩的原理为热胀冷缩原理，修理工艺不允许使用水进行快速冷却，一般使用压缩空气进行快速冷却	
五、7S 整理	
7S 整理 提示： 按照 7S 管理标准，整理操作工位及场地	

三 评价与反馈

❶ 自我评价

（1）通过本学习任务的学习你是否已经掌握以下内容：

①车门板的外形修复机整形流程是怎么样的？

_____

②车门板的外形修复机整形过程中应符合哪些技术要求？

③外形修复机具有哪些功能设置，如何进行选择？

_____

（2）实训过程完成情况如何？

_____

（3）通过本学习任务的学习，你认为自己的知识和技能还有哪些欠缺？

_____

签名：_____　　　__年__月__日

❷ 小组评价

序号	评价项目	评价情况
1	着装是否符合要求	
2	是否能合理规范地使用仪器和设备	
3	是否按照安全和规范的流程操作	

续上表

序号	评价项目	评价情况
4	是否遵守学习、实训场地的规章制度	
5	是否能保持学习、实训场地整洁	
6	团结协作情况	

参与评价的同学签名：_____　　　_____年___月___日

❸ 教师评价

_____

_____

教师签名：_____　　　_____年___月___日

四 技能考核标准

钣金外形修复机整形知识考核表 满分100分　考核时间为40min					
序号	项目	操作内容	规定分	得分	
一	安全防护	操作时不戴手套	2		
		操作时不戴护目镜（戴眼镜不扣）	2		
		操作时不戴防尘口罩	2		
		操作时不戴耳罩	2		
		操作时不穿安全鞋	2		
二	工具使用规范	能否正确使用拉锤	10		
		能否正确使用外形修复机	10		
		能否正确使用气枪	10		
三	质量控制	修复部位形状低于板面高度≥1mm一处扣4分（长度≤5mm为一处）	45（扣完为止）		
		修复部位形状高于板面高度一处扣8分（长度≤5mm为一处）			
		修复后，原折痕位置有明显痕迹一处扣1分（长度≤5mm为一处）			
四	车间7S管理	是否大声吵闹	5		
		是否乱扔垃圾	5		
		是否安7S标准整理工位及场地	5		
总分			100		
教师签名：				

项目三 钣金修理

学习任务 9 组合修复工具整形

 学习目标

★ 知识目标
1. 了解组合修复工具由哪些部件组成,以及其工作及拉拔原理;
2. 了解组合修复工具修理损伤时,应用特点及注意事项。

★ 技能目标
1. 掌握使用组合修复工具修理不同变形的方法;
2. 掌握组合修复工具修复钢板变形的工艺过程。

 建议课时

6 课时。

 任务描述

某车辆停于工厂门口,被掉落的不明物体砸中,右后车门受到侧向撞击,导致车身线竖向出现一条长度为 80mm(线上 20mm、线下 60mm)、深度为 5mm(卡尺横向测量)的折损,车身线上部高曲面部位出现隆起变形。

一 理论知识准备

汽车车身外板覆盖件损伤修复是车身修复最常见的工作,占修理厂钣金维修的 30%左右。一般在进行维修时普遍采用传统的手工整形作业或者外形修复机进行维修两种方式,但这两种方式对车身外板损伤修复存在维修质量不高、效率比较低的问题。

(一)组合修复工具的工作原理及拉拔原理

钣金组合修复工具是针对现代汽车钣金维修作业的特点,要快速、高效、维修质量高的要求。借鉴外形修复机蛇形条的修复作业技术,加以强力拉拔组合工具,使用顶杆原理、杠杆原理等,开发设计的板件组合修复工具,其原理如图 9-1 所示。

组合修复工具焊接后向外拉拔原理和外形修复机的拉拔原理一样,也等同于手锤与垫铁作业时的虚敲作业。虚敲作业是将垫铁放置在钢板凹陷较低的内侧部位,整形机修复是将介子焊接在钢板凹陷较低的外侧部位,向外拉出,以取代从内侧向外压出的垫铁,如图9-2所示。

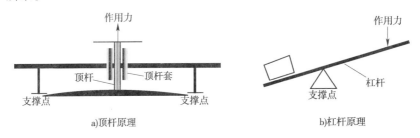

图9-1　组合修复工具工作原理

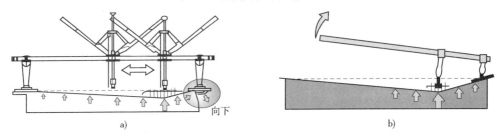

图9-2　组合修复工具拉拔原理

(二)组合修复工具的组成

现在市场上的组合修复工具各种各样,但功能和原理基本一致,这里以奔腾车身快速维修组合工具为例。

组合修复工具是主要由高性能外形修复机,配备多种拉拔工具组合,如图9-3所示。可以完成各种圆垫圈、OT垫圈片、三角片、螺柱、蛇形线等各种介子的焊接,具有收火功能、单面点焊功能,焊接电流稳定,焊接火花小,不会出现焊接不牢固或焊接穿孔等问题。

a)外形修复机及附件　　　　　　　b)拉拔工具组合

图9-3　组合修复工具

外形修复机在学习任务8中已经介绍,而组合修复工具顾名思义,就是通过修理需要,自由的组合各种基本工具,实现快速、有效率的修复。钣金组合修复工具的拉拔工具由以下组件组成,短杆修正拉力器组、中杆修正拉力器组、长杆修正拉力器组件、杠杆式修正组件、手动拉拔修正组件、介子片等,见表9-1。

拉 拔 工 具 组 成　　　　　　表 9-1

序号	名称	简图	适用范围
1	短杆修正拉力器组件		
2	中杆修正拉力器组件		适用于创伤小、应力大的部位,如前骨架、车顶外纵梁、外后挡泥板、门槛、行李舱盖、后翼子板、前门以及中间立柱等。顾名思义,强力拉拔工具组是针对较硬钢板而设计,其拉拔主体采用坚硬的合金材料制作,可修复大部分的损伤,有效地减小板件更换率
3	长杆修正拉力器组件		
4	杠杆式修正组件		适用于可以找到强力支点的部位的钣金修复,尤其适用于车顶部位变形的修复
5	手动拉拔修正组件		适用于位置较小,损伤较轻,且难以用力的部位,适合车身边角、门立柱等的作业
6	点焊滑锤修正组件		适用于车身所有可用人力拉出的凹陷损伤,其操作简单,连接焊机后,滑锤头部的点焊头接触钢板即可自动焊接,并可同时减少打磨时间和补漆的工作量
7	介子片		用于配合强力拉拔工具、杠杆拉拔工具和手动拉拔工具执行拉拔操作
8	牵引杆		根据需要焊接的焊片的数量,选择使用哪种长度牵引杆穿过焊片

(三)组合修复工具的应用特点

对于采用高强度多层焊接的车身外板,由于其材质强度高、位置不便等原因,导致无法使用传统的手工拉拔工具进行修复,目前常用的修复方式需要上车身校正架,使用液压拉塔进行修复。在底盘未变形的情况下使用车身校正架,无疑是在增加维修环节,降低维修效率,而且液压拉塔拉力太大,不易控制,操作时易导致车身立柱变形。使用组合修复工具则可以在不上车身校正架,不使用液压拉塔的情况下实现对车身外板的精确修复。

❶ 强力拉拔工具组

强力拉拔工具组包括长、中、短横梁组件,高、低单支撑脚架和双支撑脚架各3套,如图9-4所示。修复时可根据支撑脚所能支撑位置的形状,来选择使用何种支撑脚。牵引钩挂在水平位置最低点的介子片上。调整支撑脚,使其能支撑在未受损并且稳固的区域上(如棱角或边框),以防止修复时支撑脚将表面压变形。通过旋转调整牵引螺杆使得手柄与横梁之间的最大角度为45°。将两根手柄相互并拢,即可进行拉平操作。拉平过程中不能加力太快,而是要慢慢加力,有控制的分多次"逐步"完成。

图9-4 强力拉拔工具组

(1)特点。

牵引力作用下,手柄处于垂直位置时,就会卡紧,手柄卡紧后,用榔头有针对性敲击,就能去除损坏区域的张力,而被拉平区域保持不变。通过转动牵引螺杆,就可以准确调节牵引高度。牵引螺杆的螺距为1.5mm,也就是说,牵引螺杆旋转1/3圈,牵引高度变化0.5mm。强力拉拔工具组修正拉力器组件进行第一次牵引,就可以消除80%的损坏。

(2)注意事项。

①拉拔过程中,两侧手柄施加相同的合拢力。如操作不当,会导致中间螺杆的弯曲和损坏,即使新的螺杆也会有轻微弯曲变形,如图9-5所示。

②处理不易处理的凹陷部位时,应尽可能将支脚底座向中间靠近,否则支架承压力过大,造成支架损坏。支架采用的是轻质、坚固的铝合金制成,最大承受的极限压力为200kg,如图9-6所示。

图9-5 合拢力不一致

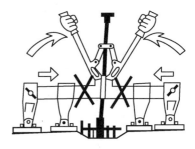

图9-6 支撑脚距离过大

③单支架底座支撑时,支撑面是棱角处,则棱角处对准支脚的中心。否则不均匀受力

作用在支脚底座上会导致底座的变形和受损,如图9-7所示。

2 杠杆式拉拔工具组

杠杆式拉拔工具组由水平拉杆、移动式拉钩、水平拉拔支架(单或双)和拉杆穿销组成,如图9-8所示。使用时将水平拉拔支架固定于车顶边缘、轮框、保险杠、门槛等强力支点处,利用杠杆原理进行拉拔,修复变形部位。正是由于利用了杠杆原理,使得其操作简单、省力,可自行掌控拉拔力量,并且拉拔和整平可同时完成,拉拔后钢板平坦且不会产生破损。该工具适用于可以找到强力支点部位的钣金修复,尤其适用于车顶部位变形的修复。

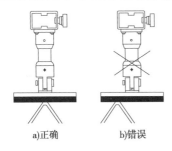

图9-7 支撑脚对准位置　　　　图9-8 杠杆式拉拔工具组

(1)特点。

只有在可以支撑的位置才可以使用杠杆式修正组件,采取简单操作,即可通过更换支撑脚或活动挂钩的位置来对杠杆式修正组件进行改造,这样它的工作原理就可以由按压转变成牵引。可以快速拉出表面深凹的区域,个性化组装方案以及调节方法,使得杠杆式修正组件的应用范围十分广泛。与横梁式修正组件比较,杠杆式修正组件有一个区别,那就是,它无法在牵引力的作用下被固定或锁止,如图9-9所示。

(2)注意事项。

杠杆支架采用的是轻质、坚固的铝合金制成,承受的极限压力为200kg,不得超载使用,否则杠杆支架会弯曲和受损,如图9-10所示。

图9-9 杠杆式拉拔工具组修复特点　　图9-10 杠杆受力过大

二 任务实施

1 准备工作

(1)组合修复工具1套(配备外形修复机及辅助工具)。

(2) 车门固定支架1个。
(3) 车门架及门皮(马自达6右车门)1套。
(4) 工作台。
(5) 防护用品1套(工作服、手套、防护眼镜、耳罩、绝缘鞋)。
(6) 夹紧固定装置(6把鱼嘴型大力钳)。

2 技术要求与注意事项

(1) 打磨旧漆膜时,一定要打磨干净,防止在使用外形修复机焊接时对受损区造成二次损伤。

(2) 外形修复机焊接时,必须匹配焊接电流和焊接时间,并在相应位置进行试焊,防止因焊接电流过大或焊接时间过长,烧穿板件。

(3) 拉伸修复作业时,组合修复工具拉伸组件与板件成垂直角度,沿受损力相反方向拉伸修复板件。

(4) 使用组合修复工具拉伸组件时,支撑脚的支撑位置必须处于板件的边缘处,不能应拉伸造成板件内表面二次损伤。

(5) 板件的拉伸修复操作,需遵循钢板的变形规律,拉伸力度不能过大,防止操作不当,选成板件穿孔等现象。

(6) 修复完毕,使用研磨设备将板件的焊接氧化点彻底打磨干净,并需对维修板件表面及背面做防腐处理。

3 实训器材

棉丝手套	耳罩	防护镜	防尘口罩
圆盘式打磨机	吹尘枪	外形修复机	车门固定支架
带式打磨机	组合修复工具		

项目三 钣金修理

4 操作步骤

一、维修人员个人防护	
穿戴防护用品 提示： 门板修复手工整形操作过程需进行打磨、敲击等的作业，应做好呼吸系统、眼睛、耳朵及身体的防护	
二、判断损伤范围（参照项目三学习任务7操作）	
三、损伤区域打磨	
1. 损伤区域打磨 提示： 利用打磨设备将板件受损区域的旧漆膜打磨干净，搭铁区域也要打磨干净	
2. 外形修复机的搭铁夹持 提示： 搭铁放于受损门板预先打磨好的搭铁区域，并利用相应的固定工具固定外形修复机的搭铁线	
四、外形修复机的运用（参数的调整、试焊等参照学习任务8）	
五、组合修复工具的运用	
1. 介子片焊接 提示： （1）焊枪夹持开口电极头，将介子片焊接于受损板件区域； （2）介子片的间隔距离应适合拉伸杆伸入	
2. 牵引杆安装 提示： 根据介子片的数量，受损位置的长度，选择合适长度的牵引杆，并将牵引杆穿过介子片后端的圆孔	

续上表

五、组合修复工具运用	
3. 支撑脚安装 提示： （1）受损门板的形状，选择单脚支撑脚，还是双脚支撑脚。这里的门板为筋线部位受损，由双曲面组合而成，选择双脚支撑脚，并安装至强力拉伸组件两端； （2）强力拉伸杆长、中、短杆的选择，应适合受损板件的大小而定	
4. 调整支撑脚间距 提示： （1）强力拉伸组件移至受损板件处，根据对比的宽度，调整支撑脚的间距； （2）支撑脚应顶在门板的边缘处	
5. 强力拉伸组件安装 提示： （1）强力拉伸组件的拉伸头安装于牵引杆处拉伸位置； （2）注意支撑脚顶在门板的位置边缘，且强力拉伸组件横杆要保持平行； （3）调整好位置，微微拉起强力拉抻组件顶杆	
6. 拉伸顶杆的拉伸量调整 提示： 拉伸量应根据门板受损深度的大小进行调整，拉伸量过大，拉伸过程中容易将介子片拉脱，拉伸量过小，不能正确的修复受损区域	
7. 放松应力 提示： 强力拉伸组件在牵引力的作用下，拉伸顶杆锁止固定后，使用钣金锤敲击直接损伤区域的周围，进行放松应力作业	

续上表

五、组合修复工具运用	
8.介子片拆除 提示： 修复完毕后，扭转介子片，将其从板件上拆除	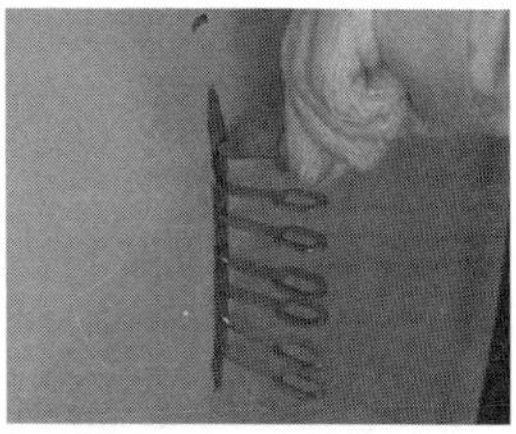
六、7S 整理	
7S 整理 提示： 按照 7S 管理标准，整理操作工位及场地	

三 评价与反馈

❶ 自我评价

（1）通过本任务的学习你是否已经掌握以下内容：

①车门板筋线的组合修复工具整形流程是怎么样的？

②车门板的组合修复工具整形过程中应符合哪些技术要求？

③组合修复工具具有哪些辅助设备，如何进行选择？

（2）实训过程完成情况如何？

（3）通过本任务的学习，你认为自己的知识和技能还有哪些欠缺？

签名：_____　　_____年____月____日

❷ 小组评价

序号	评价项目	评价情况
1	着装是否符合要求	
2	是否能合理规范地使用仪器和设备	
3	是否按照安全和规范的流程操作	
4	是否遵守学习、实训场地的规章制度	

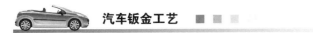

续上表

序号	评价项目	评价情况
5	是否能保持学习、实训场地整洁	
6	团结协作情况	

参与评价的同学签名：_____ _____年___月___日

3 教师评价

_____
_____

教师签名：_____ _____年___月___日

四 技能考核标准

组合修复工具整形知识考核表
满分100分　　考核时间为40min

序号	项目	操作内容	规定分	得分
一	安全防护	操作时不戴手套	2	
		操作时不戴护目镜（戴眼镜不够）	2	
		操作时不戴防尘口罩	2	
		操作时不戴耳罩	2	
		操作时不穿安全鞋	2	
二	工具使用规范	能否正确使用组合修复工具	10	
		能否正确使用外形修复机	10	
		能否正确使用气枪	10	
		能否正确使用钣金锤	10	
三	质量控制	修复部位形状低于板面高度≥1mm一处扣4分（长度≤5mm为一处）	35（扣完为止）	
		修复部位形状高于板面高度一处扣8分（长度≤5mm为一处）		
		修复后，原折痕位置有明显痕迹一处扣1分（长度≤5mm为一处）		
四	车间7S管理	是否大声吵闹	5	
		是否乱扔垃圾	5	
		是否安7S标准整理工位及场地	5	
		总分	100	

教师签名：

学习任务 10　车门表面修复

学习目标

★ 知识目标

1. 了解车身表面钢板的特性、损伤类型、常用的修理方法；
2. 会分析钢板损伤的类型及其对修理方法的影响；
3. 掌握车身钢板轻微损伤的整形工艺流程。

★ 技能目标

1. 会根据车身维修手册要求完成车身钢板的常规整形流程方案；
2. 掌握根据不同的损伤类型，利用相应合理的工具修复钢板变形的工艺过程。

建议课时

6课时。

 任务描述

一辆轿车受到轻微碰撞，驾驶员侧车门面板凹陷变形，请根据维修手册规定，制订合理的维修方案，并使用相应的维修设备及工具，完成车门表面钢板变形的修理工作（钣金作业）。

 一　理论知识准备

汽车车身所用的钢板，都具有良好的塑性，能根据车身的制造需要，加工成各种形状，即符合结构要求，也满足安全性。钢板一旦被加工成形后，便具有钢板的加工特性，不同的位置强度也不一样。实际碰撞过程中，也会出现不同程度的钢板变形和加工硬化。

（一）钢材的特性

金属材料的性能包括很多，可分为物理性能、化学性能、力学性能、工艺性能等。对车身维修人员来讲，钢材的力学性能分析很重要，而钢材的力学特性主要有三种，即弹性变形、塑性变形、冷作硬化和加工硬化。

钢板的力学特性都与施加在金属材料上的力,所产生的各种影响有密切的关系。它们都与"屈服点"有关,屈服点(抗拉强度)是指金属材料拉伸断裂前钢材所能承受的最大载荷,如图10-1所示。

❶ 弹性变形

弹性变形是金属材料受到外力作用发生变表,当外力撤销后能够恢复到原来形状的能力。例如:一块金属板,缓慢地折弯,未达到弹性极限时撤销外力作用,它将会回弹到原来的形状,如图10-2所示。

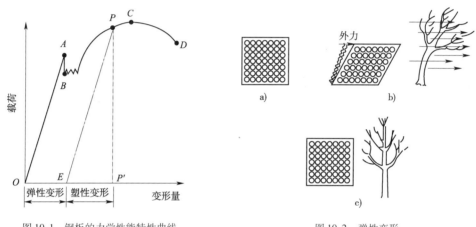

图10-1 钢板的力学性能特性曲线
A-弹性极限;B-屈服点;C-抗拉强度;D-断裂点

图10-2 弹性变形

弹性变形就像一棵树受到风吹会变弯曲,当风停后即外力消除,树就自然恢复到原来的状态。而车身金属板上任何比较平坦的部位在外力作用下都可能发生弹性变形,没有变形的钢板其晶粒是呈规则有序的排列,在受到外力作用时晶粒未断裂以前,钢材的各个晶粒都可承受相当大的变形和位移,一旦外力撤销,这种变形和位移在晶粒内力的作用下即消失。

❷ 塑性变形

塑性变形是指金属材料在外力作用下超过弹性极限载荷,这时再卸除载荷,金属材料也不能恢复原状,其中有一部分不能消失的变形被保留下来。这种保留下来的永久变形即为塑性变形,如图10-3所示。

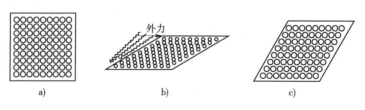

图10-3 塑性变形

汽车在碰撞过程中受到损伤时,由碰撞而产生的变形将保留下来,产生永久变形的部位周围都会产生弹性变形,但在这种情况下弹性变形无法消除。修理这种类型的损伤时,应首先消除塑性变形,这样弹性变形也会随之消失。

❸ 冷作硬化和加工硬化

冷作硬化是指金属材料在常温或再结晶温度以下,加工时产生强烈的塑性变形,使晶格扭曲、畸变,晶粒产生剪切、滑移,晶粒被拉长,这些都会使表面层金属的硬度增加,减少表面层金属变形的塑性,称为冷作硬化。

加工硬化是指金属材料在常温或再结晶温度以下塑性变形时强度和硬度提高,而塑性和韧性降低的现象。

无论是冷作硬化还是加工硬化,从晶粒排列上看,被挤压或拉伸后,晶粒产生了位移由原来的规则形状,变成不规则形状并重新排列,如图10-4所示。

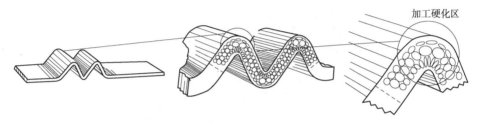

图10-4 加工硬化和冷作硬化

金属材料被弯曲或加工就已经产生加工硬化,它是金属材料损坏的根源。当汽车发生碰撞产生变形时,进一步产生加工硬化,而修理人员对碰撞损伤车身修复过程中,也会产生加工硬化,如图10-5所示。

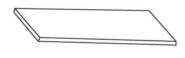  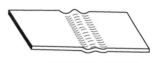

a)未产生加工硬化的金属材料　　b)生产制造过程产生加工硬化或　　c)板件修理产生加工硬化
　　　　　　　　　　　　　　　　车辆发生碰撞产生加工硬化

图10-5 加工硬化产生原因

❹ 板件的力学特性分析

金属板件的折损是指金属材料被弯曲后,超过塑性变形极限,不能恢复原来的形状。

汽车上的金属板件在受到碰撞时,不一定会产生折损。如果弯曲后,金属板件能够恢复到原来的形状,则金属板件没有受到折损。如果不能恢复到原来的形状,这种折损就会造成加重原来存在的加工硬化程度,如图10-6所示。

折损位置(弹性弯曲区)虽然发生了弯曲,但并没有折损,而只在上部发生了折损,修理时先修折损区,弹性弯曲区自然就会恢复到原来的形状。如果先对弹性变形区进行修理,会对此区域造成二次损坏,加大修理难度。

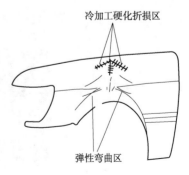

图10-6 板件折损位置力学分析

（二）板件损伤类型

根据引起损伤的原因分析车身板件损伤类型，一般可分直接损伤和间接损伤两种。车身板件修理的第一步是对受损板件的部位进行损伤分析，合格的维修人员，能根据相应的条件准确地判断出受损板件上的变形状态。

❶ 直接损伤

直接损伤是指引起碰撞的物体与金属板上受到损伤的部位直接接触而造成的损伤，也就是碰撞点部位的损伤，如图10-7所示。

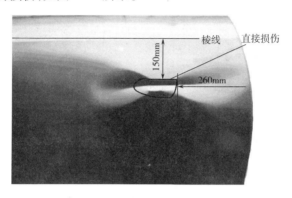

图10-7 直接损伤

直接损伤通常以断裂、擦伤或折痕的形式出现，用眼睛即可看到。在所有的损伤中，直接损伤通常只占10%～15%。但是，如果碰撞产生了一条很长的擦伤或折痕，它将在总的损伤中占80%。可以对严重的直接损伤进行的修理是很有限的，车身上使用的金属太薄，难以重新加工，校正修理需花费很长时间。

❷ 间接损伤

间接损伤是由直接损伤引起的，在直接损伤周围区域的折损和挤压变形，如图10-8所示。在所有的损伤类型中，间接损伤占所有损伤的80%～90%，所有非直接的损伤都可看成是间接损伤，碰撞一般都会同时造成这两种损伤。各种构件所受到的间接损伤没有太大区别，它总是产生同样的弯曲，同样的压缩力。对间接损伤的修理方法也是相同的，只是由于受损伤部位的尺寸、硬度和位置的不同，所用的修理工具有所不同。

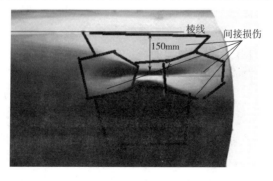

图10-8 间接损伤

(三)间接损伤的类型

间接损伤变形一般分为:单纯的铰折、凹陷铰折、单纯的卷曲、凹陷卷曲四种类型。根据板件的形状的复杂程度,形成的损坏变形可能是几种损伤的组合,而不是只存在一种。

❶ 单纯铰折

单纯铰折损伤,其弯曲过程像一个铰链一样,如图 10-9 所示,沿着一条线均匀地弯曲。产生这种变形时,金属上部表面受到拉力而产生拉伸变形,下部表面被推到一起而产生收缩变形。由于上部受到拉伸而下部受到压缩,金属的中间将有一个未发生变形的区域。

实心金属板的单纯铰折损伤总是成一条"直线"形的折损,而对箱型截面的弯曲就不同了。

❷ 凹陷铰折

凹陷铰折损伤,其上部金属受到的损伤要比下部金属小得多,折损处受到压力作用,一边产生严重收缩,这就是凹陷铰折,如图 10-10 所示。

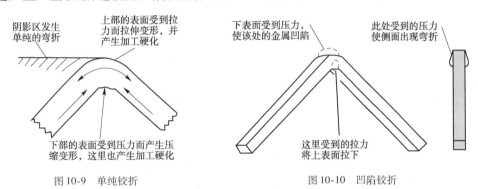

图 10-9 单纯铰折　　　　　图 10-10 凹陷铰折

凹陷铰折修理的方法不正确,顶部的表面也会铰折,而造成严重的全面收缩。箱形截面与实心金属板的铰折修理方法不同,如果进行了错误的校正,箱形截面的顶部和底部表面会同时出现凹陷。

当校正箱形截面时,铰折部位存在很大的加工硬化,不适当的校正会使顶部的表面容易发生进一步的凹陷。在修理中必须采用加热的方法并使用拉伸设备,以防止出现凹陷变形,如图 10-11 所示。

图 10-11 凹陷铰折的修理方法

整体式车身上,有许多结构复杂的箱形截面构件,其中包括箱形结构梁、车门槛板、风窗支柱、中心支柱、车顶梁等,有些箱形截面构件(例如车门)的体积庞大。任何被弯成一个角度的金属件都可以认为存在(局部)箱形截面。汽车结构中带有大量的隆起和凸缘,这些部位都产生了加工硬化,都被看成是局部的箱形截面。整个翼板可看成是具有局部箱形截面的构件,如图 10-12 所示。和完全箱形截面一样,局部箱形截面也会发生凹陷,两者凹陷的结果相同,两者折损的名称也相同,都是凹陷铰折。不适当的校正会造成同样的结果:校正后整个尺寸会缩短。

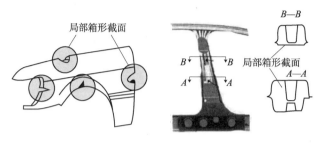

图 10-12　局部箱形截面

③ 凹陷卷曲

当铰折折损穿过一块金属板时，它不仅使所有的箱形或局部箱形截面产生收缩，而且也会使它穿过的任何隆起的表面收缩。发生这种情况时，便形成了新的折损。这种折损试图将金属板的内部向外翻并卷起，以增加其长度。"长度的增加"是这种折损的特征。我们把这种折损称作凹陷卷曲。铰折折损（包括凹陷铰折和单纯的铰折）增加的是深度，而不是长度。任何发生在隆起表面上的折损都会使金属收缩，凹陷卷曲式折损也不例外。金属收缩量取决于碰撞的程度。

④ 单纯的卷曲折损

当发生凹陷卷曲时，还有另外两处也同时发生折损。这两处折损发生在凹陷卷曲部位的旁边，这就是单纯的卷曲折损。由于这两处都位于金属板的隆起部分，因而也是收缩型的折损。卷曲型的折损很容易识别，凹陷的和单纯的卷曲折损在金属板的隆起处形成一个箭头形状的弯折。如图 10-13 所示的翼板，似乎只有一个单纯的折损垂直地穿过它。实际上，它有 5 处折损，分别属于 4 种类型。卷曲折损（单纯的或凹陷的）只发生在隆起的表面上。因为这种折损区是由隆起的部分引起的。如果金属板是平坦的，它将会以铰折的形式发生弯曲，产生的是单纯的铰折折损。如果金属板是隆起的，穿过它的折损在深入到金属板的内部时，将倾向于卷曲。这不仅是因为金属表面具有合拢作用，还因为金属自身的收缩作用。

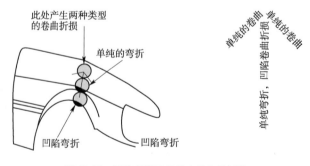

图 10-13　凹陷的翼子板发生的各种折损

如果金属板是平坦的（无弯曲），其自身的收缩作用依然存在于金属的内部。所有发生在隆起部分的凹陷卷曲折损的方向都与隆起的方向相反，所产生的收缩也是这个方向。单纯的卷曲折损和凹陷卷曲折损一样，都使金属板收缩，但两者的方向有所不同。

(四)板件损坏区域的受力分析

板件损伤后,一般用"压缩"和"拉伸"来形容金属受损以后的状况。这些状况也可用"高点"和"低点"来描述。在任何损坏发生以前,金属内部都已存在压缩和拉伸(应力和应变)。例如,所有隆起的部位都受到压缩。但这里的"压缩"并不是指发生损坏时产生的力,而指金属被挤压的部位受到一个新产生的压力的作用,该压力通过加工硬化被保留下来。如果该压力突然消失,金属将返回到它原来的形状。判断金属板件产生的变化并进行校正时,应考虑金属在受到损坏前未受压缩或拉伸时的状况。

金属被推上去的部位称为"压缩区",被拉下的部位称为"拉伸区"。如图10-14所示为一个受损坏变形的隆起形金属板的截面图。

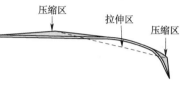

图10-14 受损钢板上的拉伸区和压缩

进行维修时,先要确定受损部位受到的是拉伸还是压缩,然后才可确定修理的方法和使用的工具。不能用锤子敲打拉伸区,也不能用垫铁敲打压缩区的内侧,要根据压力的方向来决定需要施加的力,同样当损坏部位存在压缩区时,不能在此部位使用塑料填充剂。

通常各种金属板的隆起程度会有所不同。隆起很高的金属板称为"高隆起",而接近平坦的金属板称为"低隆起"。当低隆起的金属板受损时,金属被拉入损坏的中心部位。这个拉力使金属板低于它原来的高度。低于正常高度的损坏区称为拉伸区。相反,金属板上任何超出原高度的损坏区都称为压缩区。

(五)板件损坏部位的修复程序

通过了解车身板件上的不同损坏类型,车身修理人员能够采用正确的方法来修理受到损坏的车身。首先要找到损坏的方向,碰撞损坏的方向应该和碰撞的方向完全相反。一般通过目测检查即可找出损坏方向,但是在金属板重叠的情况下,问题往往会变得复杂。

如图10-15所示,凹陷卷曲折损总是从最先发生接触的位置向外传播。当有2~3个部位出现这种折损时,情况更加简单,它们都汇聚到的那一点就是最初的碰撞点(像车轮的辐条汇聚到轮毂一样)。

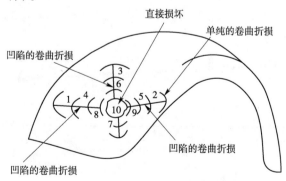

图10-15 碰撞产生凹陷卷曲的过程

在修理时,基本的原则是最后的损伤要最先修复,最先的损伤要最后修复。在损坏部位离直接损坏点最远的位置1要最先进行修理,然后还要修复离直接损坏点最远的位置2,

由外向里依次把损伤全部修理好,对最后的直接损伤位置10可能需要塑料填充剂修理。

二 任务实施

❶ 准备工作

(1)钣金手工整形修复工具1套。

(2)组合修复工具1套(配备外形修复机及辅助工具)。

(3)车门固定支架1个。

(4)车门架及门皮(雪佛兰赛欧车门)1套。

(5)工作台1张。

(6)防护用口1套(工作服、手套、防护眼镜、耳罩、绝缘鞋)。

(7)夹紧固定装置(6把鱼嘴型大力钳)。

❷ 技术要求与注意事项

(1)使用钣金锤时应握住铁锤手柄末端,使用手腕的力量进行环形运动敲击。

(2)在使用钣金锤敲击金属板时,钣金锤锤面或手柄应与金属板保持平衡,以免对金属板造成损伤。

(3)在使用实敲法敲击金属板时,钣金锤与垫铁只能敲击凹陷或者凸起的位置。

(4)在敲击金属板时,要掌握好敲击的力度,以免造成过度损伤。

(5)打磨旧漆膜时,一定要打磨干净,防止在使用外形修复机焊接时对受损区造成二次损伤。

(6)外形修复机焊接时,必须匹配焊接电流和焊接时间,并在相应位置进行试焊,防止因焊接电流过大或焊接时间过长,烧穿板件。

(7)拉伸修复作业时,组合修复工具拉伸组件与板件成垂直角度,沿受损力相反方向拉伸修复板件。

(8)使用组合修复工具拉伸组件时,支撑脚的支撑位置必须处于板件的边缘处,不能应拉伸造成板件内表面二次损伤。

(9)板件的拉伸修复操作,需遵循钢板的变形规律,拉伸力度不能过大,防止操作不当,选成板件穿孔等现象。

(10)修复完毕,使用研磨设备将板件的焊接氧化点彻底打磨干净,并需对维修板件表面及背面做防腐处理。

❸ 实训器材

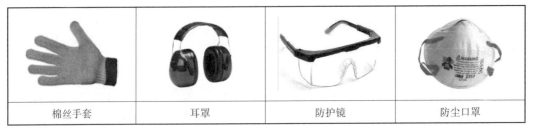

| 棉丝手套 | 耳罩 | 防护镜 | 防尘口罩 |

续上表

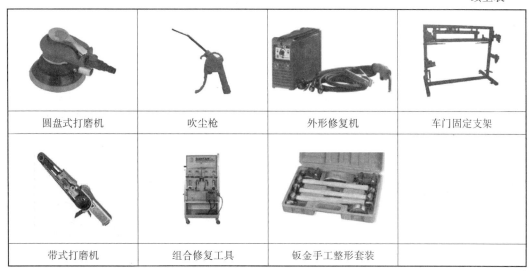

圆盘式打磨机	吹尘枪	外形修复机	车门固定支架
带式打磨机	组合修复工具	钣金手工整形套装	

4 操作步骤

一、维修人员个人防护(参照项目一学习任务2)
二、判断损伤范围(参照项目三学习任务7)
三、损伤区域打磨(参照项目三学习任务7)
四、车门表面整形

1. 焊接 OT 型介子片 提示： OT 型介子片直接焊接于直接损伤区域。外形修复机的焊接参数调整和试焊参照项目三学习任务8	
2. 强力拉伸组件安装 提示： 强力拉伸组件拉伸直接损伤区域。强力拉伸组件的使用参照项目三学习任务9	
3. 应力放松 提示： 强力拉伸组件在牵引力的作用下,拉伸顶杆锁止固定后,使用钣金锤敲击直接损伤区域的周围,进行放松应力作业	

续上表

四、车门表面整形	
4. 手工整形 提示： (1)钣金锤配合垫铁敲击直接损伤区域,将折损部位整平; (2)手工整形具体使用参照项目三学习任务7	
5. 去除旧漆膜 提示： 圆盘式打磨机配合60目砂纸,将损伤区域表面旧漆膜去除	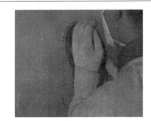
6. 外形修复机整形 提示： (1)直接损伤区域低于原表面的凹陷部位,使用外形修复机拉伸; (2)外形修复机的参数调整、试焊等,参照项目三学习任务8	
7. 热收缩作业 提示： (1)直接损伤区域通过整形高于原表面的凸点部位,使用外形修复机热收缩功能进行热收缩作业; (2)外形修复机的参数调整、试焊等,参照项目三学习任务8	
8. 整形后测量 提示： 使用相应的检测工具对车门表面整形后的直接损伤区域进行测量。如不符合标准,继续进行整形,直至符合平面要求	
9. 氧化点打磨 提示： 整形区域范围内,所有的修理氧化点需全部打磨干净	

项目三 钣金修理

续上表

四、车门表面整形	
10.表面清洁作业 提示： 表面整形符合技术标准要求后,需对表面进行清洁作业,并进行个应的防腐处理	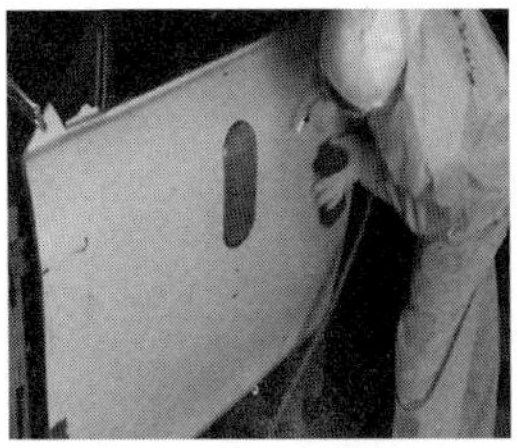
五、7S整理	
7S整理 提示： 按照7S管理标准,整理操作工位及场地	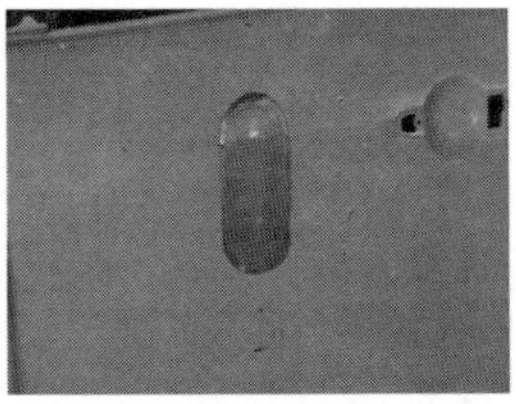

三 评价与反馈

❶ 自我评价

(1)通过本任务的学习你是否已经掌握以下内容：

①车身表面钢板修理流程？

②车身表面钢板的特性？

③车身钢板的损伤类型有哪些？

(2)实训过程完成情况如何？

(3)通过本任务的学习,你认为自己的知识和技能还有哪些欠缺？

签名：_____   ____年___月___日

❷ 小组评价

序号	评价项目	评价情况
1	着装是否符合要求	
2	是否能合理规范地使用仪器和设备	
3	是否按照安全和规范的流程操作	

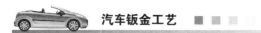

续上表

序号	评价项目	评价情况
4	是否遵守学习、实训场地的规章制度	
5	是否能保持学习、实训场地整洁	
6	团结协作情况	

参与评价的同学签名：_____　　____年____月____日

❸ 教师评价

_____

_____

教师签名：_____　　____年____月____日

四 技能考核标准

组合修复工具整形知识考核表 满分100分　考核时间为40min				
序号	项目	操作内容	规定分	得分
一	安全防护	操作时不戴手套	2	
		操作时不戴护目镜（戴眼镜不扣）	2	
		操作时不戴防尘口罩	2	
		操作时不戴耳罩	2	
		操作时不穿安全鞋	2	
二	工具使用规范	能否正确使用组合修复工具	10	
		能否正确使用外形修复机	10	
		能否正确使用气枪	10	
		能否正确使用钣金手工组合工具	10	
三	质量控制	修复部位形状低于板面高度≥1mm一处扣4分（长度≤5mm为一处）	35（扣完为止）	
		修复部位形状高于板面高度一处扣8分（长度≤5mm为一处）		
		修复后，原折痕位置有明显痕迹一处扣1分（长度≤5mm为一处）		
四	车间7S管理	是否大声吵闹	5	
		是否乱扔垃圾	5	
		是否安7S标准整理工位及场地	5	
		总分	100	

教师签名：

项目四　钣金更换

学习任务 11　车身分离工艺

学习目标

★ **知识目标**

1. 了解各种车身分离工具的种类、特点及适用范围；
2. 熟悉各种车身分离工具正确的安装、使用及调整方法；
3. 掌握根据不同材料的材质及厚度，选用合理的车身分离工具；
4. 掌握各种手动、气动、电动工具及车身表面分离工具的使用方法。

★ **技能目标**

1. 掌握一种车身分离工具的工艺过程；
2. 熟悉根据不同的分离条件，选用不同的车身分离工具；
3. 掌握气动切割锯、气动去点焊专用钻的操作、工艺流程及注意事项。

建议课时

6课时。

 任务描述

车辆使用过程中，难免会发生碰撞、刮擦等事故，致使车身出现不同程度的变形，这样就需要进行车身维修作业。车身维修作业中,又有相当多的事故需要对车身构件进行分离更换修理,本项目针对车身修理中的分离工艺进行阐述。

一 理论知识准备

(一)手工分离工具

金属板料的手工分离下料作业,稍厚板料有时需用扁錾、剪切设备外,大都使用钣金剪下料。如遇较厚钢材,则需使用钢锯、气割等分离设备进行下料。

1 手工剪

(1)手工剪的种类。

①铁皮剪。

用于剪切薄钢板的剪刀称为铁皮剪,如图11-1所示。适用于厚度尺寸为0.5~1.6mm,最大宽度为2500mm的板材裁剪。

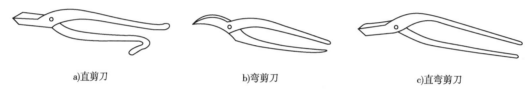

a)直剪刀　　　　　　b)弯剪刀　　　　　　c)直弯剪刀

图11-1　各种铁皮剪

②钣金剪。

用于剪切不锈钢等硬度较高的薄合金钢材,如图11-2所示。适用于厚度尺寸不大于2mm,最大宽度为2500mm的板材裁剪。

a)直钣金剪　　　　　　b)左弯钣金剪　　　　　　c)右弯钣金剪

图11-2　钣金剪

(2)手工剪的使用。

根据剪切板的材料、厚度、几何图形等特点,选择好合适的手工剪种类和规格。握剪时,大拇指握上剪柄,其余四指握住下剪柄。剪切时,剪刀刃口的开度大小要合适,手呈握式加力,并使两刃口紧紧靠牢,刃口与板料保持垂直。

提示:

①使用手工剪时,不能剪切过硬(如淬火钢、超高强度钢等)、过厚的金属板材,不准用铁锤等敲击剪背,强行剪切。

②必要时,可用台虎钳夹紧下剪柄,通过加长上剪柄的力臂来进行剪切。剪切方法如图11-3所示。

项目四　钣金更换

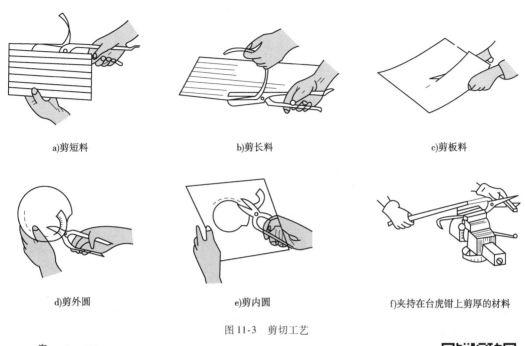

a) 剪短料　　　　　　　b) 剪长料　　　　　　　c) 剪板料

d) 剪外圆　　　　　　　e) 剪内圆　　　　　　　f) 夹持在台虎钳上剪厚的材料

图 11-3　剪切工艺

2 手工锯

(1) 手工锯的构造。

锯主要由锯弓和锯条两部分组成。

① 锯弓。

锯弓是用来夹持和拉紧锯条的工具,有固定式和可调式两种,如图 11-4 所示。固定式锯弓的弓架是整体的,只能装一种长度规格的锯条。可调式锯弓的弓架分成前后两段,由于前段在后段套内可以伸缩,因此可以安装几种长度规格的锯条,所以广泛使用的是可调式。

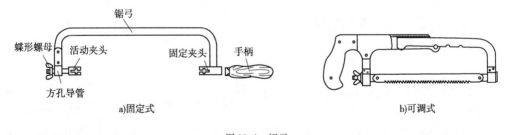

a) 固定式　　　　　　　　　　　　　　　b) 可调式

图 11-4　锯弓

② 锯条。

锯条是用碳素工具钢(如 T10 或 T12)或合金工具钢,并经热处理制成。锯条的规格以锯条两端安装孔间的距离来表示(长度有 150~400mm)。常用的锯条是长 399mm、宽 12mm、厚 0.8mm。

(2) 锯条粗细的选择。

锯条的粗细应根据加工材料的硬度、厚度来选择,选择要求见表 11-1。

锯条粗细选择表　　　　　　　　　　　　　　　表11-1

图　　示	标记	每25mm长度上的齿数	用　　途
0　10　20 25 　　　1　　　14齿	粗	14～15	锯割铜、铝合金等软质材料或厚材料
0　10　20 25 　　　1　　　22齿	中	22	锯割中等硬度材料，如普通钢、铸铁等
0　10　20 25 　　　1　　　32齿	细	32	锯割合金钢、薄板或薄管

(3) 手工锯的使用。

起锯时，锯条与工件锯割面相交斜角α要小，α角约为15°左右，如图11-5所示。根据材料的性质、截面大小，所使用的压力要适当，一般来说，对硬金属的压力要大些，而推拉锯的速度相应要慢些，锯条的行程要尽量长，使锯齿能充分利用，推拉锯的往返速度适宜为40～60次/min。

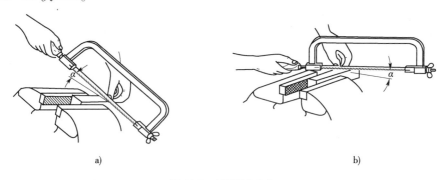

　　　　　　a)　　　　　　　　　　　　　　　　b)

图11-5　起锯相交夹角

提示：

①锯割时向前推的时候，才起切削作用，因此锯条的安装应使锯齿的切削面（前倾面）向推力的方向（齿向前）。

②锯条的松紧要适当，过紧会使锯条失去弹性，过松会使锯条在锯割时发生弯曲和左右摆动现象，甚至会把锯条折断，锯条的松紧可通过锯弓上的蝶形螺母进行调节。

③工件夹持伸出要短，为方便操作，尽可能夹在虎钳的左侧，较大的工件，锯割可在原地进行。

④锯割时压力不可过大，速度不宜过快，以免锯条折断伤人。

⑤锯割将完成时,用力不可太大,并需用左手扶住被锯下的工件,以免工件掉落砸脚。

(二)电动分离工具

钣金金属板料分离作业中,仅靠手工分离工具是不够的,还会用到很多电动工具。汽车钣金维修中常见的电动工具有手电钻、砂轮研磨机等。

1 手电钻

手电钻是以电为动力的手持式钻孔工具,电源电压一般为 220V 和 36V 两种,其尺寸规格有 3.6~13mm 若干种。手提式手电钻可钻厚度较大的金属板料,而手枪式电钻常钻较薄的板料,钣金维修中常用手枪式电钻。手电钻主要由电动机、控制开关、钻夹头和钻头几部分组成。

(1)手电钻类型。

手电钻主要用于金属钻孔工作,汽车钣金维修中主要用于电阻点焊焊点的去除工作。手电钻便于携带但加工精度不高,在汽车维修中使用得非常广泛。根据钻头安装方式不同,手电钻可分为扳手式钻夹头和自紧式钻夹头两类,如图 11-6 所示。

a)扳手式钻夹头

b)自紧式钻夹头

图 11-6　手电钻类型

(2)钻头。

钻头用于在实体材料上钻削出通孔或盲孔,并能对已有的孔扩孔的刀具。根据功用的不同,通常有麻花钻、扁钻、中心钻、深孔钻、套料钻、锪钻等。

常用的钻头为标准麻花钻,主要由柄部和工作部分组成。柄部用来装夹钻头、传递动力和扭矩,并且在柄部都标有此钻头的规格型号(钻头直径)。工作部分由切削部分和导向部分组成。切削部分包括横刃和 2 个主刀刃,起切削作用;导向部分为 2 条对称的螺旋槽,起排屑和输送冷却液的作用。

钣金维修中,钻头主要用于钻削电阻点焊焊点,这种钻头是基于锪孔钻头与铣刀之间,通过钻削需求自行研磨而成,我们通常称其为去点焊专用钻或定心平底钻,如图 11-7 所示。

a)麻花钻

b)去点焊专用钻(定心平底钻)

图 11-7　钻头类型

（3）手电钻的使用。

使用手电钻必须要注意安全，操作时要戴上绝缘手套，见图11-8。钻削开始前要用力压紧，且用力不得过猛，发现电钻转速降低时，应立即减轻压力，否则会造成刃口退火或损坏手电钻。

a)戴绝缘手套操作

b)戴棉丝手套操作

图11-8　手电钻使用

钻削过程中，工件松动或手电钻把持不稳等因素都会造成钻头折断，所以，钻孔时要保持钻头与工件相对固定，并控制好进给量。

提示：

①确保电动工具使用的电线或插头完好无损，绝缘层无脱落，无金属丝外露。电动工具的外接导线长度和直径应符合标准，否则会因为电压下降过大造成导线过热。

②使用电动工具时，应确保工作环境干燥无积水，避免电动工具及其连接导线与水接触。

电动工具要使用三相插头，并确保插座已连接好保护零线。

③操作电动工具时要穿橡胶底鞋。

④要严格按照使用说明书和安全操作规程操作电动工具，应定期对电动工具进行安全检查。

❷ 砂轮机

砂轮机是一种以高速旋转的砂轮来磨削或切割工件的机具，为适合各种操作场合的加工作业，砂轮机有固定式砂轮机和手提式砂轮机两种。固定式砂轮机主要在工件较小的场合使用，手提式砂轮机主要用在骨架修磨或切割场合。

（1）手提式砂轮机。

手提式砂轮机（图11-9）主要用来磨削不易在固定砂轮机上磨削的构件。如发动机罩、驾驶室、翼子板及车身面板等经过焊接修理的焊缝，可用砂轮机磨削平整。

a)电动砂轮机

b)电动角磨机

图11-9　手提式砂轮机类型

(2)砂轮片。

砂轮片(图11-10)是磨削加工中最主要的一类磨具。砂轮片是在磨料中加入结合剂,经压坯、干燥和焙烧而制成的多孔体。

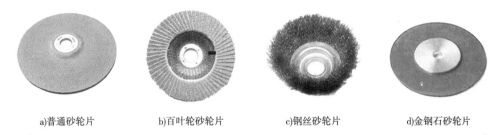

a)普通砂轮片　　b)百叶轮砂轮片　　c)钢丝砂轮片　　d)金钢石砂轮片

图11-10　砂轮片

按所用磨料可分为普通磨料(刚玉和碳化硅等)砂轮和天然磨料超硬磨料和(金刚石和立方砂轮 氮化硼等)砂轮。按砂轮直径分,常用的规格有150mm、80mm、40mm三种。

(3)砂轮机的使用。

砂轮的背面与金属表面形成10°~20°的夹角。有时,在尖锐的逆向隆起部位难以使用圆形的砂轮进行操作,因为砂轮的边缘会在金属板被切割处划出一条很深的槽。这时,可以切割砂轮片的边缘,使它变成星形砂轮片来进行打磨。

提示:

①根据加工工件的材质,选择砂轮片的粗细。较软的金属材料,如铜、铝等,使用较粗的砂轮片;加工精度要求较高的工件,要使用较细的砂轮片。

②砂轮片不得有裂痕、破损等缺陷,安装一定要稳固。在使用过程中也应时刻注意,一旦发现砂轮片有裂痕、破损等现象,立刻停止操作并更换砂轮片,再进行作业。

③磨削时,操作人员应佩戴防护镜,防止飞溅的金属屑和砂粒对眼睛造成伤害。

④施加在被磨削工件上的压力应适当,压力过大产生热量过多会使加工工件表面退火,严重时将不能使用,同时会降低砂轮片的使用寿命。

(三)气动分离工具

钣金分离作业中,除了手动分离工具、电动分离工具外,还有气动分离工具。特别是现代钣金工艺作业,由于气动工具的各种优点,得到越来越广泛的运用。

气动工具主要是利用压缩空气带动气动马达而对外输出动力工作的一种工具,根据其工作方式可分为,旋转式(偏心可动叶片式)、往复式(容积活塞式)两种。气动工具主要由动力输出部分、作业形式转化部分、进排气路部分、运作开启与停止控制部分及壳体等几大部分组成。当然气动工具运作还必须有气源供给、空气过滤与气压调节和工具附件等装置。

❶ 气动剪

气动剪常用于分离车身上腐蚀或损坏的金属板件,按其工作形式分为振动式气动剪和直列式气动剪,如图11-11所示。

a) 振动式气动剪　　　　b) 直列式气动剪

图 11-11　气动剪

(1) 气动剪特点。

气动剪简称风剪。其特点是体积小,质量轻,操作灵活轻便。主要用于体积大或外形粗笨,而又不便于使用固定剪切设备的金属构件,尤其对于预先成形的工件,剪切孔洞特别便利。其功率为 0.21kW,使用气压为 490kPa。最大剪切厚度为:普通热轧钢板 2mm,铝板 2.5mm;最小剪切曲率半径为 50mm。

(2) 气动剪使用。

气动剪工作前,要将工件略微垫起,使气动剪剪切前进时不受阻碍即可。气动剪一般应用在精度要求高或较细小的切割作业中。剪切后的切口清洁、准确,容易焊接。

提示:

① 使用规定气压进行剪切,气压过小将影响刀刃剪切力度,过大容易造成刀刃损坏,严重时造成内部活塞破裂。

② 刀刃与主体中心螺钉为特殊材质零件,如磨损、断裂等不得使用替代品。

③ 不能剪切超出剪切硬度范围的工件,如经淬火处理后板材、超高强度钢、高强度钢等。

❷ 气动锯

现代钣金维修作业中,最常用的切割分离工具为气动锯,它的切割速度不快,但切割面平滑,用在车身闭合断面的车柱及梁等焊接部位的切割作业。

(1) 气动锯的特点。

气动锯的运动速度高达 1200 次/s,行程在 45mm 以上,具有切割效率高、质量好、操作方便等优点。

图 11-12　气动切割锯

气动锯的锯条只有一端装配在锯身上,由于没有锯弓的干扰,锯条在锯割过程中可任意移动,如图 11-12 所示。气动锯更适合切割薄板类车身构件,相对手锯(活动范围受锯弓的影响)和气割(对钢板及周围构件的热影响太大)具有很大优越性。但是,气动锯如同其他气动工具一样,也存在气动噪声大的缺点。

(2) 气动锯条。

气动锯条主要用于汽车维修、金属加工,切割铁板、铸铁及其他金属板件等。尤其在切割汽车金属板件方面优势明显,用量很大。气动锯条的材质大多数为双金属,也有硬质合金的,齿形有波浪齿和侧切齿。根据切割金属材料的不同,可分为 T24(1 英寸长度范围中有 24 个齿)和 T32(1 英寸长度范围中有 32 个齿)两种类型,如图 11-13 所示。

a)32T　　　　　　　　　b) 24T

图 11-13　气动锯条类型

(3)气动锯的使用。

工作前,应确保工件稳定固定,定位符合吃刀方向,以免造成异常切入。

起刀时,缓慢按下起动开关,将刀刃慢慢切入工件,并要使刀刃与工件保持 15°~45°的夹角,如图 11-14 所示。

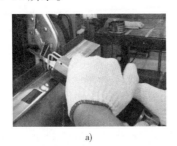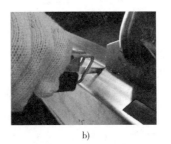

a)　　　　　　　　　　　b)

图 11-14　气动锯使用

切割过程中,不要施加侧压力,进刀要平稳,避免刀刃冲击性接触工件,从而导致锯条破损或工件飞出,发生意外事故。如发现声音、振动异常、切割面粗糙或产生异味时,必须立即终止作业,及时检查。

如果切割铝合金或其他金属,要使用专用的冷却润滑液,以防锯条过热,产生糊齿,影响切割质量。

提示:

①由专业操作人员安装和使用,并穿着劳动保护服,佩戴防护镜,耳罩等。

②检查锯片有无损坏,齿型是否完整,锯板是否平整光洁,以及有无其他异常现象,以确保使用安全。

3　气动钻

气动钻和电动钻在汽车钣金维修作业中的作用是一致的,都是将损伤金属板件从车身上分离开来,然后进行修复或是为更换件钻预埋孔。其工作方式也基本一致,区别在于电动钻利用电力驱动,而气动钻利用压缩空气作为动力源。

(1)手提式气动钻。

手提式气动钻配以专用钻头,可去除车身构件间的电阻点焊点,如图 11-15 所示。

(2)钻头。

专用钻头有钻头型和孔锯型两种,如图 11-16 所示。钻头型专用钻头的端部较平,使用中要切割掉焊点但注意不要损伤下层的钢板。孔锯型专用钻头在使用时,其钻削深度可以调整,所以不会损伤下层钢板,但需要磨削掉残余的焊点。

a) 普通气动钻

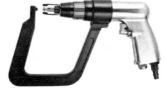
b) 专用去除点焊气动钻

图 11-15　手提式气动钻类型

a) 钻头型　　　　b) 孔锯型

图 11-16　专用焊点去除钻头类型

（3）气动钻的使用。

使用普通手提式气动钻时，应握紧拿稳，将钻头尖端准确地垂直放置在钻孔位置后，再启动扳机开关，切勿把正在旋转的钻头压向工件。钻切时应保持钻头垂直于工作面，对钻头施加的压力要平稳，不要用力过大。用力太大会使钻头断裂或过热，压力太小会使钻头脱离钻孔面。

专用去除焊点的气动钻带有夹紧装置。去除焊点时，气动钻可以用夹钳紧固在焊点部位，这样易于进行操作。与电钻相比，气动钻体积小、质量轻，在钻孔作为业中更易于使用。

提示：

① 启动前，首先检查工具及其防护装置完好，夹紧正常，无松脱，气路密封良好，气管应无老化、腐蚀。

② 压力源处安全装置完好，风管连接处牢固，工具部分无裂纹、毛刺。

③ 启动时，首先试运转，开动后应平稳无剧烈振动，动态进行检查无误，再进行工作。

④ 钻孔从较低的转速开始，然后再逐渐增加转速，钻透时要减转速，避免反冲。

4　气动錾

气动錾是钣金修理作业中较为常用的一种工具，也是以压缩空气作为冲击动力，可产生 1800 次/min 的击打频率，自身质量仅为 1~2kg。

（1）手提式气动錾。

手提式气动錾的特点是体积小、质量轻、效率高、切割性能好，在不受限制的情况下，可进行直线、曲线和型线的切割，如图 11-17 所示。其缺点是振动和噪声较大，在切除焊点时，容易造成下层钢板的变形。所以一般使用在底板较厚或具有较大刚性的部位上，如从整体式车身纵梁上切除挡泥板的作业。

图 11-17　手提式气动錾

(2)錾头。

錾头由万向接头、连接杆和不同形状的头部组成,如图11-18所示。錾头的形状不同,其用途也不同。

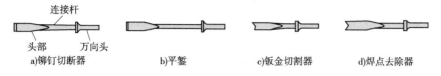

图11-18 錾头类型

(3)手提式气动錾使用。

气动錾标准錾头用途较广,可以用于切断铆钉、螺母和螺栓等,以及去除焊接飞溅物和破碎焊点。

提示：

①在使用气动锤时,必须使用錾固定器。

②定位时,应慢起动,然后逐渐增加动力。避免在使用钣金切割工具时切到金属板件、车架等。

③定期检查万向接头是否变形,如果需要则可磨出新的斜刃。

④要避免錾子从气动锤中脱出。

⑤保持刃口锋利。

⑥在用气动錾切割金属时,应戴厚手套、面罩和耳罩。

5 气动打磨机

气动打磨机是从气动砂轮机演化而来的,利用研磨作用使车身表面光洁,通常用于研磨旧漆膜。

(1)气动打磨机分类。

打磨机的垫板上可以装用不同粗细的砂纸。粗砂纸去除材料较快,细砂纸能打磨出较光洁的表面。气动打磨机是车身修理中最常用的气动工具之一,如图11-19所示。

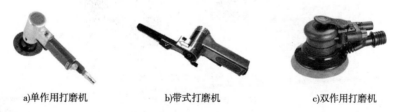

图11-19 气动打磨机分类

(2)砂纸。

砂纸俗称砂皮,是一种供研磨用的材料,如图11-20所示。用于研磨金属、漆膜等表面,使其光洁平滑。根据每平方英寸(1英寸=25.4mm)面积上的筛孔数,确定砂纸的粗细。

(3)气动打磨机使用。

使用时,先把打磨片在打磨盘上粘贴固定好,右手握稳偏心打磨机开关把柄,拇指控制开关,左手握紧偏心打磨机上部圆形头。把偏心移至打磨处,要使打磨片与修复面紧密贴合，然后左手用适当力压紧，作用力主要产生在偏心打磨机打磨盘外沿上。按下开关，使打磨机在需要打磨区域内移动。打磨片要在与被打磨面贴合状态下转动。偏心打磨完毕后，先放开开关，待偏心打磨盘完全停止转动后，再使偏心打磨盘与被打磨面脱离开。

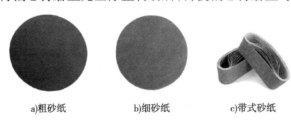

a)粗砂纸　　　　b)细砂纸　　　　c)带式砂纸

图11-20　砂纸类型

提示：

①可根据不同车型金属材料，来选择合适的打磨砂纸。一般镀锌钢板采用60目或以上型号打磨砂纸，其他普通低碳钢钢板可采取80目打磨砂纸。

②对车身金属表面打磨时，不可在偏心打磨机上施加过大的压力，否则将过分地磨削钢板或使被打磨区域凹陷，而且也会降低偏心打磨机的使用寿命。

③使用时不要在同一部位进行长时间的打磨，避免金属板材因过热而产生应力变形。

④使用时应该轻拿、轻放，避免对机身磕碰，影响使用性能。

6　气动砂轮机

气动砂轮机用于快速去除金属材料等，通常用于磨削焊接的金属焊点，也可用作打磨机清除油漆和底漆，砂轮机有不同的尺寸和形状。

（1）气动砂轮机类型

钣金维修作业中，最常用的便携式砂轮机和圆盘砂轮机，如图11-21所示。它和单作用盘式打磨机的操作方法类似，气动砂轮机应小心使用，它能快速削薄并切穿车身板件，造成严重问题。

a)垂直式气动砂轮机　　　　b)水平式气动砂轮机

图11-21　气动砂轮机类型

（2）砂轮片。

气动砂轮片与电动砂轮片是相同的，参照电动砂轮片。

（3）气动砂轮机使用。

使用前，应检查砂轮片有无裂纹及防护罩是否完好，确认无问题后再使用。使用时，砂轮片与工件接触面和受力都要适当，砂轮片端面与工件表面倾斜应在15°～25°范围内。作业时，禁止采用不正确的操作方法（碰、撞）来磨削工件。作业中应经常检查风带与砂轮机的接头是否有松动，发现松动应及时拧紧。砂轮机不得在高压力下空转，不得乱扔或碰撞其他物体,以防损坏砂轮机或砂轮片。工作结束后,首先关闭管路气阀,再启动一下砂轮机,进行泄压,然后再拆卸砂轮机。

砂轮机需要更换砂轮片时,应先关闭气阀,然后再更换。砂轮的紧固螺钉要拧的松紧适宜,不宜过紧或过松。

提示:

①砂轮机应保持完好无损,如有缺陷应及时维修或更换。砂轮机的排气孔挡圈和消音板不得随意拆卸。

②持砂轮机作业时,砂轮机的前方及两侧不得有人站立或作业。操作者必须佩戴好防护眼镜或采取其他防护措施。

③安装后的砂轮片应用手试转动,正常后点动启动,要空转慢速试运转,检查确认无问题后,方可工作。

④使用砂轮打磨,必须戴好防护眼镜和安全帽。

二 任务实施

❶ 准备工作

(1)已完成的板件组合1套(模拟A、B、C柱损坏)。

(2)工作台1张(带有台虎钳夹紧固定装置)。

(3)安全防护用品1套(耳罩、防护镜、棉丝手套、工作帽)。

(4)夹紧固定装置(U形大力钳2把)。

(5)分离工具:钣金锤(小号)、錾子套装、气动切割锯、专用去点焊钻。

❷ 技术要求与注意事项

(1)切割作业应选择没有加强梁、定位孔、安装点的位置进行操作。切割至底板相连部位应采取相应的防护措施,防止损伤底板。

(2)钻削作业应保持钻头刀刃的切削性。有夹紧调整装置的应对其进行相应的调整,钻削操作也应保证适当的深度,确保底板不受损伤。

(3)分离作业要符合维修手册的规定,也要考虑相对好分离和便于焊接操作的部位进行分离作业。

(4)操作时必须做好相应的车身防护,避免损伤不需修理的部件。

(5)操作人员根据操作内容不同,做好相应的防护才能进行维修作业。

❸ 实训器材

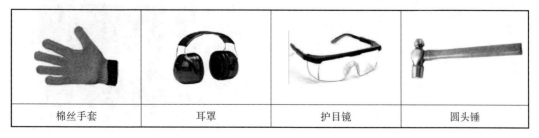

| 棉丝手套 | 耳罩 | 护目镜 | 圆头锤 |

续上表

錾子套装	气动切割锯	专用去点焊钻	G 型大力钳
U 型大力钳	钣金工作台		

❹ 操作步骤

板件分离作业	
1. 穿戴防护用品 提示： 穿戴防护用品参照项目一任务二	
2. 去除点焊焊点中心孔定位作业 提示： (1) 钣金锤和錾子(定位孔錾头)，将电阻点焊焊点进行中心孔定位； (2) 錾子与板件保持垂直，不能偏斜，确保定位孔处于电阻点焊中心，防止钻削时产生偏斜，影响板件分离效果	
3. 板件固定 提示： (1) 将板件夹持于工作台的台虎钳中，固定牢固； (2) 夹持板件时注意力度的掌握，防止板件因夹持而导致二次变形	
4. 去电阻点焊焊点作业 提示： (1) 双手握紧专用去点焊钻，并用身体的重力压紧专用去点焊钻，并使用专用去点焊钻钻削电阻点焊焊点； (2) 专用去点焊钻钻削前要使钻头与板件保持垂直，不能偏斜，确保中心点处于电阻点焊中心	

续上表

板件分离作业	
5.气动切割锯分离板件作业 提示: (1)气动锯切割时,锯片与板件保持垂直。切削过程中,应使用锯片的中间部位进行切割,延长锯片的使用寿命; (2)锯削板件边缘时,可使用相应的防护措施,防止损伤底板	
6.錾子分离板件作业 提示: (1)使用钣金锤和錾子(扁头錾),将剩余的未钻削断的电阻点焊焊渣錾断; (2)錾削时需注意位置和力度,防止损伤底板	
7.7S 整理 提示: 按照 7S 管理标准,整理操作工位及场地	

三 评价与反馈

1 自我评价

(1)通过本任务的学习你是否已经掌握以下内容:

①车身分离作业的工具有哪些?

_____

②车身分离作业过程中应符合哪些技术要求?

③车身分离作业工具操作有哪些要求,根据分离位置和板材的不同如何选择分离工具?

_____

(2)实训过程完成情况如何?

(3)通过本任务的学习,你认为自己的知识和技能还有哪些欠缺?

签名:_____　　_____年____月____日

❷ 小组评价

序号	评 价 项 目	评 价 情 况
1	着装是否符合要求	
2	是否能合理规范地使用仪器和设备	
3	是否按照安全和规范的流程操作	
4	是否遵守学习、实训场地的规章制度	
5	是否能保持学习、实训场地整洁	
6	团结协作情况	

参与评价的同学签名：_____　　_____年____月____日

❸ 教师评价

_____

_____

　　　　　　　　　　　教师签名：_____　　_____年____月____日

四　技能考核标准

车身分离知识考核表
满分100分　　考核时间为20min

序号	项目	操作内容	规定分	得分
一	安全防护	操作时不戴手套	2	
		操作时不戴护目镜（戴眼镜不扣）	2	
		操作时不戴耳罩	2	
		操作时不穿安全鞋	2	
二	工具使用规范	未正确使用气动切割锯	10	
		未正确使用专用去点焊钻	10	
		未正确使用錾削工具	10	
三	质量控制	切割线后板件尺寸大于0.5mm（小于0.5mm算一处），每处扣2分	47（扣完为止）	
		切割线垂直度，有明显切割台阶一处扣5分		
		切割后下层底板有无损伤，每1mm算一处，每处扣5分		
		去除点焊后底板有无损伤，每孔算一处，每处扣3分		

项目四 钣金更换

续上表

序号	项目	操作内容	规定分	得分
四	车间7S管理	是否大声吵闹	5	
		是否乱扔垃圾	5	
		是否安7S标准整理工位及场地	5	
总分			100	
教师签名：				

学习任务 12　车身连接工艺

学习目标

★ 知识目标

1. 了解车身连接的种类及适用范围；
2. 了解各种车身连接工具、设备的种类、特点及适用范围；
3. 熟悉各种车身连接离工具、设备正确的安装、使用及调整方法；
4. 掌握根据不同材料的材质及厚度，合理选用连接工具、设备。

★ 技能目标

1. 能根据不同的连接条件，选用不同的车身连接工具和设备；
2. 掌握二氧化碳气体保护焊、电阻点焊的操作、工艺流程及注意事项。

 建议课时

6课时。

 任务描述

车身板件的修复作业，包括分离作业和车身连接作业，前面我们已经对分离作业讲述完毕。接下来，学习对于分离后的板件如何连接。

一 理论知识准备

（一）车身连接方式

汽车总成上金属件的连接有三种基本方法：机械方法（金属紧固件紧固）、化学方法（粘接紧固）、焊接方法（金属熔接）。按拆卸方式可分为二大类：可拆卸连接和永久性连接。本任务主要学习焊接方法的连接。

❶ 可拆卸式连接

可拆卸连接方式有以下几种：螺纹连接、铆钉连接、铰链连接（统称机械连接），卡扣连接，如图12-1所示。

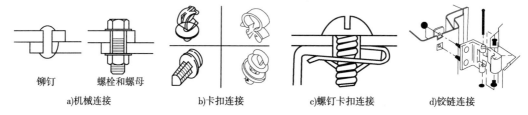

图12-1 可拆卸连接类型

机械连接用来安装相同材料的各种车身可拆卸组件，或用来连接车身上不同材料（当使用其他方式不能有效连接时，可使用铆接），或者用来连接铝、镁或塑料车身等。

卡扣连接用来安装室内装饰件、装饰条，外部装饰件、线路等。

铰链连接用来连接车门、发动机罩、行李舱盖等需要经常开关的部件。

❷ 永久性连接

永久性连接方式有以下几种：摺边连接、粘接连接、焊接连接，如图12-2所示。

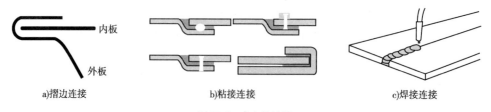

图12-2 永久性连接

摺边连接用来连接车门内外板、发动机罩内外板、行李舱盖内外板等。

粘接连接主要用于车身需要密封的板件，一些车身大面积面板，铝车身板件，塑料车身件等。粘接一般不单独使用，而是配合螺栓、铆接、电阻点焊、摺边连接等方式一起进行。

焊接连接广泛用于车身各种结构性部件和覆盖性部件的连接。

（二）焊接连接

焊接是对需要连接的金属板件加热，使它们共同熔化，最后结合在一起的方式。

❶ 二氧化碳气体保护焊

二氧化碳气体保护焊又称MIG焊（熔化极惰性气体保护焊），使用熔化电极，以外加气体作为电弧介质,并保护金属熔滴、焊接熔池和焊接区高温金属的电弧焊方法,称为二氧化碳气体保护焊。

1)工作原理特性及组成

惰性气体保护焊是利用以恒定速度自动进给的焊丝作为一个电极,在母材和焊丝间产生短电弧。电弧的热量将焊丝熔化,将母材连接起来。由于焊丝是以恒定速度自动进给的,这种方法又称为半自动电弧焊。

在焊接过程中,惰性气体或活性气体用来保护焊接点,避免母材被氧化。所用的惰性气体或活性气体的类型取决于要焊接的母材。大多数的钢材焊接采用二氧化碳(CO_2)作为保护气,故叫二氧化碳气体保护焊。

二氧化碳气体保护焊由钢瓶、减压阀、主机、调节装置、焊枪、送丝机构等组成,如图12-3 所示。

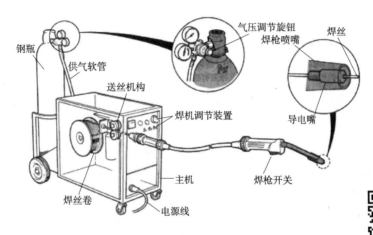

图 12-3　二氧化碳气保护焊组成

2)二氧化碳气体保护焊设备

二氧化碳气体保护焊主要通过匹配焊接参数、调节送丝机构及供气装置、控制焊接方式、选用合适的焊丝直径来实现预想的焊接效果。

(1)控制面板。

焊接时主要通过调节控制面板上的调节按钮控制内置变压器变化来实现不同的焊接需求,如图 12-4 所示。

(2)送丝机构。

焊接时送丝机构确保焊丝不间断地进行送丝,保证焊接质量。通过调节压紧手柄的松紧度,有效的控制焊丝通过送丝机构,防止卡滞。送丝机构根据送丝导轮的数量不同,可分为单轮送丝结构和双轮送丝结构,如图 12-5 所示。

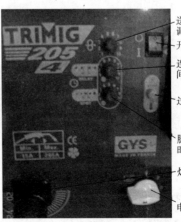

图 12-4　GYS 二氧化碳气体保护焊机的控制面板

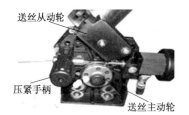
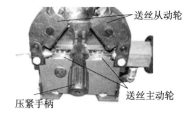

a) 单轮送丝机构　　　　　　　b) 双轮送丝机构

图 12-5　送丝机构类型

提示：

①安装焊丝：手动送丝约 300mm，使焊丝从送丝机构主动导轮和从动导轮中穿过，并伸出导丝管，确保焊丝在焊枪总成中移动自如。

②驱动滚子的正确设置能确保焊丝上有足够压力，能将焊丝拉离焊丝卷，并穿过焊枪及钢套管。适当的拉力，确保焊丝停在喷嘴处时，焊丝能够在滚子上打滑，但也要足够紧，足以承受 30°~40° 的偏转。如果压力过大，焊丝会变形，在套管内产生螺旋效应和不稳定的送丝。

③停留在焊枪端部的焊丝如果受到过大的压力，它会在滚子和套管入口之间积聚。焊丝卷轴上的拉力也应进行调整，这样焊丝才能被顺利拉出。但是当触发器松开后，又能避免卷轴空转。

（3）焊枪。

焊枪是指焊接过程中，执行焊接操作的部分，它使用灵活，方便快捷，工艺简单。并将焊丝引导至焊接部位，还能通过配气阀，控制焊接质量，如图 12-6 所示。

（4）保护气体。

焊接作业时，焊接一般用纯 CO_2 气体或 $CO_2 + Ar$ 的混合气体。混合气体的比例为：75%Ar + 25%CO_2 和 80%Ar + 20%CO_2 两种，这两种混合气体通常被称为 $CO_2 - 25$ 气体、$CO_2 - 20$ 气体。采用纯 CO_2 气体保护可使焊接熔深加大，使电弧变得比较粗糙且不够稳定，这将使焊接时的飞溅物增加。所以，在较薄的材料上进行焊接时，最好使用混合气体，见图 12-7。

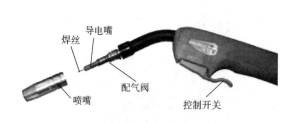
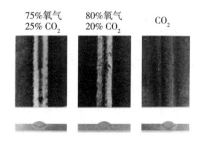

图 12-6　焊枪的结构　　　　图 12-7　不同比例气体焊接后效果对比

混合气通常储存在钢瓶中，使用时需要通过减压阀减压，调节气体压力。焊接时，一般保护气体的压力要达到 10~15MPa 之间。如果保护气体的压力过大，将会形成涡流而降低保护层的效果。如果流出的气体压力过小，保护层的效果也会降低。应根据喷嘴和母材之间的距离、焊接电流、焊接速度以及焊接环境(焊接部位附近的空气流)来调整保护气体的压力。

(5)焊丝。

车身修理中使用的焊丝的种类是 AWS-70S-6(图 12-8),AWS 表示碳钢焊丝,70S 表示焊接后最小抗拉强度为 70ksi(约为 480MPa)的实芯焊丝,6 表示焊丝直径为 0.6mm。目前使用的焊丝直径一般为 0.6~0.8mm,使用小直径焊丝可以在弱电流、低电压条件下焊接,这就使进入母材的热量大为减少。

3)二氧化碳气体保护焊焊接参数的调整

焊接时,需要对一系列参数进行调整(有些参数的数值是可调的):如焊接电流、导电嘴与母材之间的距离、焊枪角度、焊接方向、保护气体的流量、焊接速度和送丝速度等。大多数制造厂都给用户提供一份表格,列出焊机各种参数的调整范围。

(1)焊接电流。

焊接电流的大小会影响母材的焊接熔深、焊丝熔化的速度、电弧的稳定性、焊接飞溅物的数量。随着电流强度的增加,焊接熔深、剩余金属的高度和焊缝的宽度也会增大,如图 12-9 所示。

图 12-8 焊丝卷

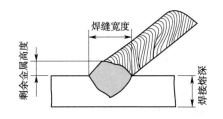

图 12-9 焊接熔深、剩余金属高度和焊缝宽度

焊接电流的大小主要通焊接设备控制面板上的焊接档位和送丝速度进行调节,每种焊机的内部变压器都不相同,应参考相应的制造厂商使用说明书进行调试。不同的焊丝直径和不同的板厚材料所使用的焊接电流是不同的,见表 12-1。

金属板厚、焊丝直径、焊接电流参数关系表   表 12-1

焊接电流(A) 焊丝直径(mm)	金属板厚(mm)						
	0.6	0.8	1.0	1.2	1.4	1.6	1.8
0.6	20~30	30~40	40~50	50~60	—	—	—
0.8	—	—	40~50	50~60	60~90	100~120	—
1.0	—	—	—	—	60~90	100~120	120~150

(2)电弧长度调整。

由于电弧的长度由电弧电压的高低决定的,电弧电压过高将产生过长的电弧,电弧的长度增大,焊接熔深减小,焊缝呈扁平状,从而使焊接飞溅物增多。而电弧电压过低会导致起弧困难,焊接熔深增加,焊缝呈狭窄的圆拱状,如图 12-10 所示。

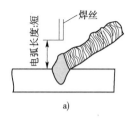 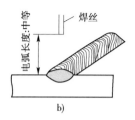 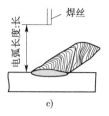

图 12-10 不同焊接电弧长度的焊接效果

导电嘴到母材的距离,伸出焊丝端头到母材的距离,是调整电弧长度的重要参数。一般从导电嘴到母材标准的距离为 7~15mm,伸出焊丝端头到母材的距离为 4~12mm(即电弧长度)。如果导电嘴到母材的距离过大,从焊枪端部伸出的焊丝长度增加而产生预热,就加快了焊丝熔化的速度,保护气体所起的作用也会减小。如果导电嘴到母材的距离过小,将难以进行焊接,并会烧蚀导电嘴。

(3)焊接时的焊枪角度。

焊接方法有两种,即正向焊接和逆向焊接,如图 12-11 所示。正向焊接的熔深较小且焊缝较平。逆向焊接的熔深较大,并会产生大量的熔敷金属。采用上述两种方法时,焊枪角度都应在 10°~15°之间。

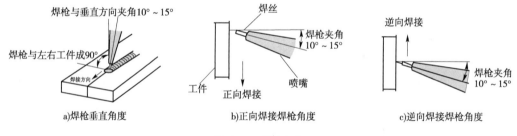

图 12-11 焊枪角度

(4)焊接速度。

焊接时,焊枪的移动速度过快,焊接的熔深和焊缝宽度都会减小,而且焊缝会变成圆拱形。当焊枪移动速度进一步加快时,将会产生咬边。而焊接速度过慢则会产生许多烧穿孔。表 12-2 给出了不同厚度的板件焊接时的焊接速度。

焊 接 速 度 调 节　　　　　　表 12-2

母材厚度(mm)	0.6~0.8	1.0	1.2	1.6
焊接速度(m/min)	1.1~1.2	1	0.9~1	0.8~0.85

一般来说,焊接速度由母材的厚度、焊接电弧电压、焊丝直径等几个因素决定。焊接母材越厚焊接速度要求越慢,反之则相反。焊丝越粗,要求焊接速度越快,反之则相反。

(5)送丝速度。

送丝速度需根据焊接时焊接电流的大小进行适当的调节,匹配合适的送丝度,将可听到连续的"吱…吱…"声,产生的视觉信号为连续稳定的反光亮度。

送丝速度太慢,随着焊丝在熔池内熔化并熔敷在焊接部位,将可听到"嘶…嘶…"声或"啪…哒…"声,此时产生的视觉信号为反光的亮度增强。当送丝速度较慢时,所形成的焊接接头较平坦。

送丝速度太快将堵塞电弧,这时,焊丝不能充分的熔化。焊丝将熔化成许多金属熔滴,形成大量飞溅物,这时产生的视觉信号为频闪弧光。

一般在焊接中会在气体喷嘴的附近会产生氧化物熔渣。必须将它们仔细地清除掉,以免落入喷嘴内部形成短路。当送丝速度太慢时,还必须清除掉因送丝太慢而形成的金属微粒,以免短路。

4)焊接位置

焊接作业时,焊接位置通常由汽车上需要进行焊接部件的位置决定,如图12-12所示,焊接参数的调整也会受到焊接位置的影响。

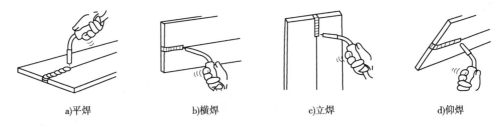

a)平焊　　　　　　b)横焊　　　　　　c)立焊　　　　　　d)仰焊

图12-12　各种典型的焊接位置

(1)平焊:平焊一般容易进行,而且它的焊接速度较快,能够得到最好的焊接熔深。对从汽车上拆卸下的零部件进行焊接时,尽量将它放在能够进行平焊的位置。

(2)横焊:水平焊缝进行焊接时,应使焊炬向上倾斜,以避免重力对熔池的影响。

(3)立焊:垂直焊缝焊接时,最好让电弧从接头的顶部开始,并平稳地向下拉。

(4)仰焊:最难进行的焊接是仰焊,仰焊容易造成熔池过大的危险,而且一些熔融金属会落入喷嘴而引起故障。进行仰焊时,一定要使用较低的电压,同时还要尽量使用短电弧和小的焊接熔池。将喷嘴推向工件,以保证焊丝不会向熔池外移动。最好能够沿着焊缝均匀地拉动焊炬。

实际的车身焊接操作中,我们尽量要采用平焊或横焊的方式来操作,以达到最好的焊接效果。有时不能进行这两种焊接操作的,只要把焊接部件转换一个角度就可以进行了。

5)焊接方法

每种类型的焊缝都可用几种不同的方法进行焊接,连接焊缝的焊接方法有四种基本类型。所采用的方法主要取决于焊接条件:金属件的厚薄、金属的状态、两个工件间缝隙的大小、焊接位置等。

例如,可采用连续焊或点焊的方法进行对接焊。在进行永久性的连续焊或点焊时,也可以沿着焊缝上的许多不同点进行定位焊,固定需要焊接的工件。

(1)定位焊。

这种方法实际上是一种临时点焊,如图12-13所示,就是在进行永久性焊接前,用一种很小的临时点焊来取代定位装置或薄板金属螺钉,对需要焊接的工件进行固定焊接的方法。

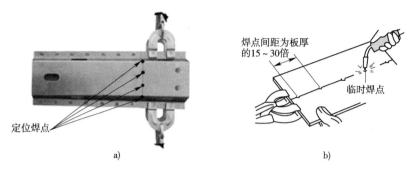

图 12-13 定位焊及焊点间距

定位焊各焊点间的距离大小与母材的厚度有关,一般来说,其距离为母材厚度的 15～30 倍,定位焊要求母材之间要正确地对准。

（2）连续焊。

焊枪缓慢、稳定的按所需运动轨迹运动,形成连续焊缝的焊接方法,如图 12-14 所示。

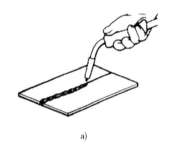
a)
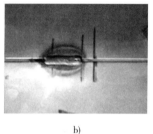
b)

c)

图 12-14 连续焊的焊缝

提示:

①操作中保持焊枪的稳定进给,避免产生晃动。采用正向焊接法时,连续地匀速移动焊枪,并随时观察焊缝。

②焊枪应倾斜 10°～15°,以便获得最佳形状的焊缝、焊接线和气体保护效果。导电嘴到母材之间应保持适当的距离,焊枪应保持正确的角度。

③如果不能正常进行焊接,原因可能是焊丝太长。焊丝过长,金属的焊接熔深将会减小。

④为了得到适当的焊接熔深,以提高焊接质量,应使焊枪靠近母材。平稳、均匀地操纵焊枪,将得到高度和宽度恒定的焊缝,而且焊缝上带有许多均匀、细密的纹路。

（3）塞焊。

进行塞焊时,应将放于上面的一个或若干个板件上打孔,电弧穿过孔进入底板,并将这个孔熔化使熔融金属填满,板件被焊接在一起的焊接方法,如图 12-15 所示。

提示:

①塞焊可用来代替汽车制造厂的电阻点焊,它的应用不受任何限制。塞焊还可用于覆盖性板件和其他金属薄板上。

②当塞焊用来连接三层或更多层金属板时,应在每一层金属板上均打孔,最下面的金属板除外。这些孔从上到下应一个比一个小,确保焊接效果。

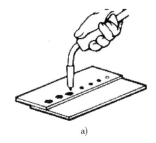 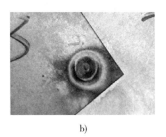

图 12-15 塞焊焊点

③典型的孔尺寸组合如下:三层金属时,采用直径为 8mm 和 9mm 的孔。四层金属时,采用直径为 6mm、8mm 和 9mm 的孔。

④焊接过的部位应自然冷却,然后才可以进行相邻部位的焊接。不可以用水或空气对焊点周围进行强制冷却,这一点很重要。让其缓慢、自然地冷却,将会减小金属板的变形,并使金属板保持原有的强度。

(4)点焊。

当送丝定时脉冲被触发时,将两层金属板熔化熔合焊接在一起的焊接方法。也可通过控制焊枪触发开关进行手动控制,见图 12-16。

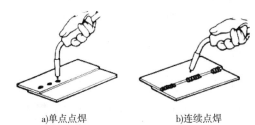

图 12-16 点焊

脉冲控制使得在金属材料上连续进行的焊缝很少产生烧穿或变形。脉冲控制可按预定的时间起动并停供焊丝,不需要松开触发器。可按操作者的习惯和金属的厚度来调整两次脉冲焊接的时间间隔。

6)焊接基本操作

为了确保焊缝质量,选用正确的焊接操作方法对于初学者来说,尤其应该注意。

(1)焊接三个基本方向的运动。

当焊枪起弧后,在焊接过程中为了得到良好的焊缝,焊丝必须要有三个基本方向的运动:焊丝自动进给朝着熔池方向逐渐下降;焊枪沿焊接方向前移;作横向摆动,如图 12-17 所示。

焊丝是自动进给的,焊接方向也是固定的,横向摆动就显得尤为重要,也是控制焊接质量的关键。

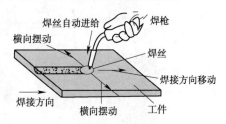

图 12-17 焊枪移动基本动作

(2)常用的横向摆动及应用范围。

横向摆动方法很多,应根据接头的形式和间隙、焊缝的空间位置、焊条直径与性能、焊接电流及焊工的技术水平等方面来选用合适的横向摆动方法。常用的横向摆动方法见表12-3。

横向摆动方法　　　　　　　　　　　表12-3

名称	图　示	用　途
直线形法	→	直线形法要求焊接时保持一定的弧长（焊丝与工件的距离保持不变），并沿焊接主向作直线前进
直线往复法	⊓⊔⊓⊔→	直线往复法具有焊接速度快、焊缝窄和散热快的特点，所以多用于薄板焊接和接头间隙较大的焊缝
锯齿形法	∧∧∧∧→	锯齿形法（Z字形法）操作容易，在实际中应用较广，多用于较厚钢板的焊接、平焊及仰焊的对接接头、立焊的对接和填角焊接头
月牙形法	∪∪∪∪→	月牙形法要求焊丝末端焊接方向作月牙形的左右摆动。此方法应用范围和锯齿形法基本相同，但是其焊缝增高量较高，具有较长的保温时间
圆圈形法	ℓℓℓℓ→	圆圈形法，要求焊条末端连续作圆圈运动，并不断前进。此方法适用于平焊、仰焊位置的角焊和横焊。它主要能控制熔滴金属不下淌，有助于焊缝成形

7）焊接质量的检查

每次焊接，都应检查焊接的质量。可以在一些金属板上进行试焊，这些金属板和汽车上需要焊接的零部件的材料要相同。焊接这些试验板时，焊机的各项参数要调整适当。

试验板的焊接处用各种检验方法进行破坏性试验，以检验焊接的质量，如图12-18所示。下面是车身修理中常用的搭接焊、对接焊和塞焊焊接质量的检验标准，试验板件的厚度均为1mm。

a) 搭接焊破坏方法

b) 对接焊破坏方法

c) 塞焊破坏方法

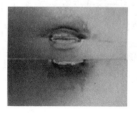
d) 搭接焊破坏效果

e) 对接焊破坏效果

f) 塞焊破坏效果

图12-18　焊接质量检查

(1)搭焊和对接焊的焊疤的测量标准为:

工件正面:最短长度 25mm,最长长度 38mm,最小宽度 5mm,最大宽度 10mm;

工件背面:焊疤宽度 0~5mm;

对接焊工件夹缝宽度是工件厚度的 2~3 倍。

(2)塞焊的焊疤的检测标准为:

工件正面:焊疤直径最小为 10mm,直径最大为 13mm;

工件背面:焊疤直径为 0~10mm;

焊疤不允许有孔洞或焊渣等缺陷。

(3)焊件焊疤高度检测标准为:

焊件正面:焊疤最大高度不超过 3mm;

焊件背面:焊疤最大高度不超过 1.5mm。

(4)搭焊和对接焊的焊疤的破坏性实验检测标准为:

搭焊撕裂的工件上必须有与焊疤长度相等的孔;

对接焊撕裂破坏后工件上必须有与焊疤长度相等的孔。

(5)塞焊的焊疤的破坏性实验检测标准为:

塞焊扭曲破坏后下面工件上必须有直径不小于 10mm 的孔。

8)焊接缺陷

焊接过程中,由于各种原因难免会产生焊接缺陷,所以正确的焊接方法为高质量的焊接提供了保证。如果产生焊接缺陷,就应设法改变操作方法,避免焊缺陷的产生,表 12-4 介绍了焊接缺陷及产生原因。

焊接缺陷及产生原因　　　　表 12-4

缺陷	图　　示	缺陷描述	可能产生原因
气孔或凹坑		气体进入焊接金属中产生的气孔或凹坑	1. 母材上有锈迹或污物; 2. 焊丝上有锈迹或水分; 3. 保护不当、喷嘴堵塞、焊丝弯曲或气体流量过小; 4. 焊接时冷却速度过快; 5. 电弧过长; 6. 焊丝规格不正确; 7. 气体被不适当封闭; 8. 焊接表面不干净等
咬边		由于过分熔化的母材而形成一个凹坑,它使母材的横截面减小,严重降低了焊接部位的强度	1. 电弧太长; 2. 焊枪角度不正确; 3. 焊接速度太快; 4. 电流太大; 5. 焊炬送进太快; 6. 焊炬角度不稳定等

续上表

缺陷	图示	缺陷描述	可能产生原因
不正确熔化	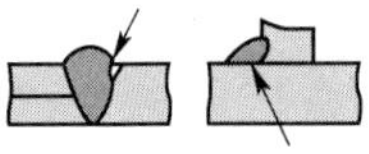	不正确熔化发生在母材与焊接金属之间,或发生在两种熔敷金属之间的不熔化现象	1. 焊炬的进给太快; 2. 电压过低; 3. 焊接部位不干净等
焊瘤	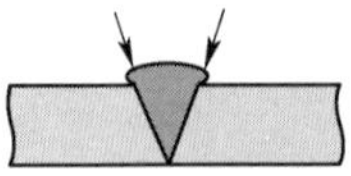	角焊比对接焊更容易产生焊瘤,焊瘤会引起应力集中而导致过早腐蚀	1. 焊接速度太慢; 2. 电弧太短; 3. 焊炬进给太慢; 4. 电流太小等
熔深不足	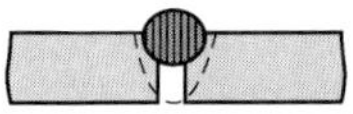	由于金属板熔敷不足而产生的	1. 电流太小; 2. 电弧过长; 3. 焊丝端部没有对准两层金属板的对接位置; 4. 槽口太小等
焊接飞溅物太多	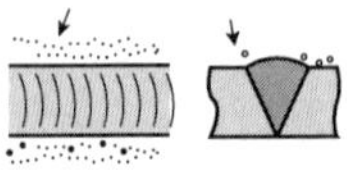	过多的溅出物在焊缝的两边形成许多斑点和凸起	1. 电弧过长; 2. 母材金属生锈; 3. 焊枪角度太大等
焊缝浅	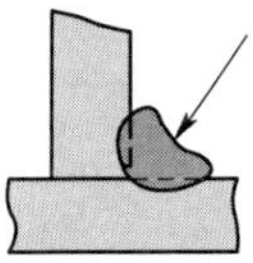	进行角焊时,在焊缝处容易产生溅出物而且焊缝浅	1. 电流太大; 2. 焊丝规格不正确等
垂直裂纹	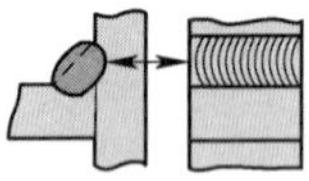	裂纹通常只发生在焊缝顶部表面	焊缝表面有赃物(油漆、油、锈斑)
焊缝不均匀		焊缝不是均匀的流线形,而是不规则的形状	1. 焊枪嘴的孔被损坏或变形,焊丝通过嘴口时发生摆动; 2. 焊枪不稳定; 3. 移动速度不稳等
烧穿	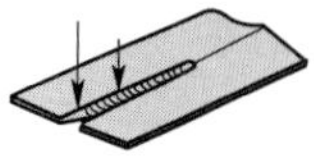	烧穿的焊缝内有许多孔	1. 焊接电流太大; 2. 两块金属之间的坡口槽太宽; 3. 焊枪移动速度太慢; 4. 焊枪到母材之间的距离太短等

2 电阻点焊

电阻点焊是一种高速、经济的连接方法。它适用于制造接头不要求密闭,厚度小于3mm,冲压、轧制的薄板搭接构件,广泛应用于汽车、摩托车、航空航天、家具等行业产品的生产,是现代汽车制造厂在流水线上对整体式车身进行焊接时最常用的一种方法。在各汽车制造厂对整体式车身进行的焊接中,有90%～95%都采用电阻点焊,如图12-19所示。

a)半自动电阻点焊机械臂的应用　　b)全自动电阻点焊机械臂的应用

图12-19　电阻点焊在车身制造中的应用

电阻点焊焊接成本低,不消耗焊丝、焊条和保护气体;清洁,焊接过程中不产生烟或蒸气;焊接时不需要去除板件上的镀锌层,焊接接头的外观质量与制造厂的焊接接头完全相同,不需要对焊缝进行研磨;焊接速度快,只需1s或更短的时间便可焊接高强度钢、超高强度钢、高强度低合金钢或低碳钢等;焊接强度高、受热范围小、金属不易变形。

1)电阻点焊原理

电阻点焊是将被焊工件压紧于两电极之间,并通过电流利用电流流经工件接触面及邻近区域产生的电阻热将其加热到熔化或塑性状态,使之形成金属结合的一种方法,电阻点焊焊接由四个基本阶段组成,如图12-20所示。

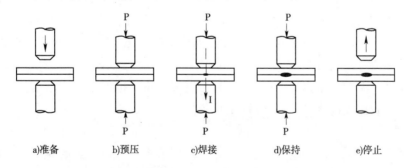

a)准备　　b)预压　　c)焊接　　d)保持　　e)停止

图12-20　电阻点焊焊接四个阶段过程

(1)预压阶段:将待焊的两个焊件搭接起来,置于上、下铜电极之间,然后施加一定的电极压力,将两个焊件压紧。

(2)焊接时间:焊接电流通过工件,由电阻热将两工件接触表面加热到熔化温度,并逐渐向四周扩大形成熔核。

(3)保持时间:当熔核尺寸达到所要求的大小时,切断焊接电流,电极压力继续保持,熔核在电极压力作用下冷却结晶形成焊点。

(4)停止时间:焊点形成后,电极提起,去掉压力,留下一个待焊点压紧工件的时间。休止时间只适用于焊接循环重复进行的场合。

2)电阻点焊设备

电阻点焊设备一般由三个主要部分组成,如图12-21所示。以电阻焊变压器为主,包括电极与二次回路组成的焊接回路;由机架和有关夹持工件以及施加焊接压力的传动机构组成的机械装置;能按要求接通电源,并可控制焊接程序中各个阶段时间及调节焊接电流的控制电路。

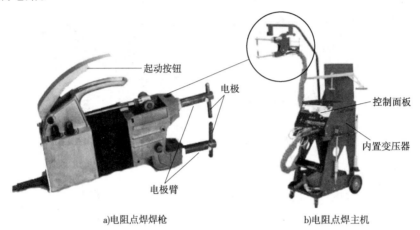

a)电阻点焊焊枪　　　　b)电阻点焊主机

图12-21　电阻点焊设备

(1)变压器。

将低电流强度的220V或380V电源电压转变成高电流强度的2~5V的焊接电压,避免了电击的危险。

小型电阻点焊机的变压器可安装在焊枪上,也可安装在远处通过电缆和焊枪相连。安装在焊枪上的变压器的电效率高,变压器和焊枪之间焊接电流损失很小。

焊枪和变压器分离的电阻点焊机的变压器功率较大,而且要使用较粗的电缆连接,以补偿因长距离电缆的电力损失。

当使用加长型或宽距离的电极臂时,高强电流会由于电缆线长度增加而降低。可调整焊机上的控制面板,将输出的电流强度调高。

(2)控制面板。

可调节变压器输出焊接电流的强弱,并可以调节焊接电流通过的时间。在焊接时间内,焊接电流被接通并通过被焊接的金属板,然后电流被切断。

(3)焊枪。

通过电极臂向被焊金属施加挤压力,并流入焊接电流。大多数电阻点焊机都带有一个加力机构,可以产生很大的电极压力来保证焊接质量。这些加力机构有的是用弹簧的手动夹紧装置或由气缸产生压力的气动夹紧装置。有些小型的挤压型电阻点焊机不具备增力机构,它完全依靠操作人员的手来控制压力的大小,因此,它不能用于修理车身结构的焊接操作。

3）电阻点焊焊接参数调整

（1）电极压力。

两个金属板件焊接的机械强度与焊枪电极施加在金属板上的压力有直接的关系，可通过焊机上的气压表调节焊接压力的大小，一般电阻点焊焊接压力应在 0.5~0.8MPa 范围，如图 12-22 所示。

 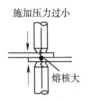

a) 气压调节表　　　　b) 压力过大对焊点的影响　　　c) 压力过小对焊点的影响

图 12-22　电极压力调节及压力大小对焊点的影响

焊枪电极的压力过小、电流过大都会产生焊接飞溅物，导致焊接接头强度降低。

焊枪电极压力过大会使焊点过小，降低焊接部位的机械强度。焊枪压力过高会使电极头压入被焊金属，压入深度过大使焊接质量降低。焊点被电极压入的深度不能超过板厚的一半。

（2）焊接电流。

给金属板加压后，一股很强的电流流过焊枪电极，然后流入两个金属板件，金属板的接合处电阻值最大，电阻热使温度迅速上升，如果电流不断流过，金属便熔化并熔合在一起。焊接电流的大小可通过控制面板上的电流调节旋钮进行调节，如图 12-23 所示。

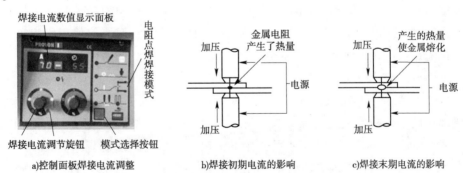

a) 控制面板焊接电流调整　　b) 焊接初期电流的影响　　c) 焊接末期电流的影响

图 12-23　焊接电流调节及焊接过程电流对金属板的影响

电流太大或压力太小，将会产生内部溅出物，适当减小电流强度或增加压力，便可使焊接飞溅物减少到最小值。

一般通过对焊点部位的颜色变化就可以判断电流的大小，焊接电流正常时焊点中间电极触头接触部分的颜色不会发生变化，与未焊之前的颜色相同。焊接电流大时焊点中间电极触头接触部分的颜色变深并呈蓝色。焊接电流小时焊点中产电极触头接触部分的颜色不会发生变化,焊点中间层和外层颜色变淡且压痕也会较浅,如图12-24所示。

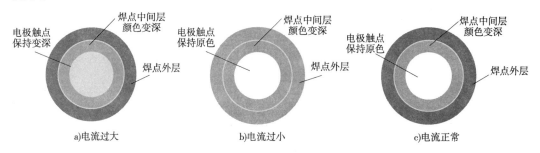

图12-24 焊接电流影响焊点颜色的变化

（3）焊接时间。

电流停止后,焊接部位熔化的金属开始冷却,凝固的金属形成了圆而平的焊点。焊点施加的压力合适会使焊点的结构非常紧密,有很高的机械强度。焊接时间可通过控制面板上的调节旋钮进行调节,如图12-25所示。

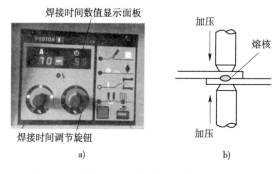

图12-25 焊接时间调节及焊点熔核大小的影响

焊接时间是一个非常重要的因素,时间太短会使金属熔合不够紧密,时间太长会使金属烧蚀,影响焊接质量,焊接时间可参考说明书上的规定值。一般车身修理所用的焊接时间最好在1/6~1s(10~60次循环/min)范围内。

4）电阻点焊的使用

开始焊接时,将焊枪电极对准需要焊接的位置,然后接通焊接开关,将焊接压力施加到需要焊接的金属板的两边。焊接电流被接通,经过预定的时间后又被切断。由于焊接时间通常都小于1s,整个焊接过程进行得很快。使用电阻点焊焊接时,除了焊机本身的电流、压力、电极臂等因素影响焊接的质量外,还有下列问题在焊接时会影响焊接的质量：

（1）工件焊接表面处理。

两个焊接表面之间的任何间隙都会影响电流的通过,焊接前应将两个金属表面整平,以消除间隙,必要时也可用夹紧装置将两者夹紧。需要焊接的金属板表面上的油漆层、锈斑、灰尘或其他任何污染物都会减小电流强度而使焊接质量降低,所以要将这些物质从焊接的表面上清除掉,如图12-26所示。

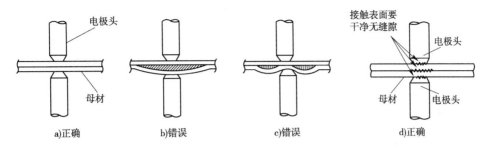

图 12-26 焊接表面处理

(2)焊点数量。

修理用的电阻点焊机功率一般小于制造厂的点焊机功率。因此,和制造厂的点焊相比,修理中进行点焊时,应将焊点数量增加30%,如图12-27所示。

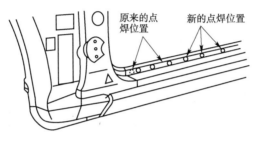

图 12-27 焊点数量

(3)焊接位置。

点焊的强度取决于焊点的间距(两个焊点之间的距离)和边缘距离(焊点到金属板边缘的距离)。两层金属板之间的结合力随着焊接间距的缩小而增大。但如果再进一步缩小间距,结合力将不再增大,这是因为焊接电流将流向已被焊接过的焊点产生分流,焊接部位流过的电流变小,焊接强度下降。随着焊点数量的增加,这种往复的分流电流也增加。而这种分流的电流并不会使原先焊接处的温度升高。电阻点焊时焊接间距一般可参考表12-5。

焊接的最小间距　　　　　　　　　　　　　表 12-5

图 示	板材厚度(mm)	焊点间距 S(mm)	边缘间距 P(mm)
	0.4	≥11	≥5
	0.8	≥14	≥5
	1.0	≥17	≥6
	1.2	≥22	≥7
	1.6	≥30	≥8

边缘的距离是由电极头的位置决定的。即使焊接的情况正常,如果到边缘的距离不够大,也会降低焊点的强度。在靠近金属板端部的地方进行焊接时,将会降低焊接强度并引起金属板变形。焊点到金属板端部的距离可参考表12-6。

焊点到金属板的边缘和端部的最小距离　　　　　　　　　　　　　表12-6

图示	板材厚度 T(mm)	最小距离 L(mm)
	0.4	≥11
	0.8	≥11
	1.0	≥12
	1.2	≥14
	1.6	≥16
	2.0	≥17

不能对转角的半径部位进行焊接,如图12-28所示。对这个部位进行焊接将产生应力集中而导致开裂。

提示:

焊接前支柱和中心支柱的顶部角落、后顶侧板的前上方角落、前、后车窗角落时都需要注意。

(4)点焊的顺序。

焊接操作时,不要只沿着一个方向连续地进行焊接操作,这种方法会使电流产生分流而降低焊接质量,需要进行跳焊,如图12-29所示。当电极头发热并改变颜色时,应停止焊接,待其冷却后继续操作。

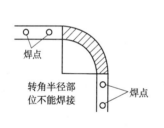

图12-28　焊接转角处的正确方法　　　　图12-29　焊接顺序

5)电阻点焊焊接质量检验

焊点质量可采用外观检验(目测)和破坏性试验检验二项内容进行检验:破坏性试验用于检验焊接的强度,而外观检验是判断焊接的外观质量。

(1)外观检验。

除用肉眼看和手摸来检验焊接处的表面粗糙度外,还有下列项目需要检验:

①焊接位置:应处于板件边缘的中心,不得产生电极头孔,不得小于最小焊接间距,不可超过规定边缘距离,不能在规定的转角内焊接,还要避免在原有的焊接过的焊点位置进行焊接。

②焊点的数量:焊点的数量应大于汽车制造厂焊点数量的30%。

③压痕(即电极头压痕):焊接表面的压痕深度不能超过金属板厚度的一半。

（2）破坏性试验。

①扭曲实验：扭曲后在其中一片焊片上留下一个与焊点直径相同的孔。如果孔过小或根本就没有孔，说明焊点的焊接强度太低，需要重新调整焊接参数。

②撕裂实验：撕裂后在其中一个焊片上留有一个大于焊点直径的孔。如果留下的孔过小或根本没有孔，说明焊点的焊接太低，需要重新调整焊接参数，如图12-30所示。

a）扭曲试验后的效果　　　　　　b）撕裂试验后的效果

图12-30　破坏性试验

提示：

（1）外观检焊片的焊点上有熔穿孔、气孔>1mm、飞溅物≥3个、焊点外圈不连续、焊点颜色全部变蓝等缺陷判定焊点焊接质量不合格。

（2）外观检测焊点直径≥4mm。

（3）扭曲破坏试验后，工件上有≥4mm的孔洞。

（4）撕裂破坏试验后，工件上有≥5mm的孔洞。

二　任务实施

❶ 准备工作

（1）已分离的板件组合1套，模拟A立柱、B立柱、C立柱损坏。

（2）工作台1张，配备台虎钳夹紧固定装置。

（3）安全防护用品1套（耳罩、防护镜、透明面罩、棉丝手套、焊接手套、自变色焊接头盔、焊接服、护膝、工作帽）。

（4）夹紧固定工具1套（U形大力钳2把、G型大力钳3把）。

（5）钣金工具（圆头锤、錾子套装、焊接工作台）。

（6）焊接设备：二氧化碳气体保护焊机、电阻点焊机。

❷ 技术要求与注意事项

（1）焊接操作前要对新板件进行检查、粗切割、精切割保证余量，要求与更换的部位相匹配。在拆卸相关部件时要对所有装饰物进行保护，防止损坏其他正常部件。

（2）如果待焊接区域的总厚度为3mm或更大，应使用二氧化碳气体保护焊机进行塞焊。对于塞焊的区域，应冲孔或钻孔。

（3）电阻点焊的焊接位置应严格遵守相关规定，如焊接间距、转角位置焊接等。焊接头的数量也应符合技术手册规定。

(4)电阻点焊和二氧化碳气体保护焊进行之前,要用与车身材料相同的材料进行试焊,以此来检验焊接强度,检验方法参考理论知识准备中的二氧化碳气体保护焊和电阻点焊质量检验法。

(5)操作时必须做好相应的车身防护,避免损伤不需修理的部件。

(6)操作人员根据操作内容不同,做好相应的防护才能进行维修作业。

❸ 实训器材

棉丝手套	焊接手套	耳罩	透明面罩	自变色焊接面罩
护膝	焊接服	G型大力钳	U型大力钳	圆头锤
带式打磨机	錾子套装	斜口钳	焊接工作台	钣金工作台
二氧化碳气体护焊机	电阻点焊机			

❹ 操作步骤

板件焊接作业	
1.穿戴防护用品 提示: 穿戴防护用品参照项目二任务2,并使用清洁工具对板件进行清洁作业	

续上表

板件焊接作业	
2. 焊接前底板打磨作业 提示： （1）使用带式打磨机对分离的电阻点焊焊点和切割边缘进行打磨； （2）打磨时注意打磨机的角度，尽量保持与打磨平面平行，防止因角度过大而将底板打薄	
3. 新件电阻点焊定点作业 提示： （1）新板件划线，使用直尺和划线笔对新板件焊接位置进行标注； （2）应参考理论知识准备中电阻点焊规定进行划线标注	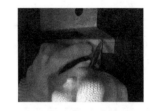
4. 新板件与旧板件匹配作业 提示： （1）将经过精切割的新件与焊接位置进行匹配，如不符合，再进一步进行修整切割； （2）观察切割线的位置间隙保证在0.5~1mm范围，且各边缘不能超出底板尺寸	
5. 板件固定作业 提示： （1）用G型大力钳把新板件与底板固定在一起； （2）G型大力钳的夹紧力度要合适，不能过紧也不能过松。过紧会对底板和新板件产生二次变形，过松板件固定不牢固，影响焊接质量	
6. 边缘尺寸及对接焊焊接间隙调整与检查 提示： 对接焊间隙标准为0.5~1mm。边缘标准尺寸与底板尺寸应保证在±1mm	
7. 焊接前固定 提示： 装夹在焊接工作台的板件用G型大力钳固定，注意松紧度；焊接前要进行试焊，确保焊接质量	

续上表

板件焊接作业	
8. 二氧化碳气体保护焊定位焊作业 提示： 定位焊时间要短，只要把新板件和底板连接固定即可	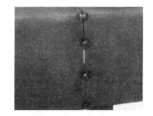
9. 打磨定位焊焊点作业 提示： 打磨定位焊焊点要注意带式打磨机的角度，防止将焊点完全打掉，也要注意不能对新板和底板造成二次损伤	
10. 电阻点焊焊接作业 提示： (1)电阻点焊焊接前要进行试焊，焊接时要注意电极头与板件垂直，保证焊接质量； (2)焊接点数与焊接位置要严格参照相关知识，焊接时不能连续焊接，需进行跳焊	
11. 二氧化碳气体保护焊塞焊作业 提示： (1)焊接前需进行试焊，焊接时要注意焊枪角度，保证焊接质量； (2)焊接时不能连续焊接，需进行跳焊，防止板件因热量过于集中而退火，降低强度； (3)电阻点焊和二氧化碳气体保护焊应错位焊接	
12. 二氧化碳气体保护焊对接焊作业 提示： 对接焊时，应参照相关知识，焊接长度及焊接位置都有严格规定	
13. 焊渣清理作业 提示： 清理焊渣时注意不能对板件产生二次损伤	

续上表

板件焊接作业	
14.7S 整理 提示： 按照7S管理标准，整理操作工位及场地	

三 评价与反馈

❶ 自我评价

(1)通过本任务的学习你是否已经掌握以下内容：

①车身连接作业的工具有哪些？

_____

②车身连接作业过程中应符合哪些技术要求？

(2)实训过程完成情况如何？

_____

(3)通过本任务的学习，你认为自己的知识和技能还有哪些欠缺？

_____

签名：_____　　_____年___月___日

❷ 小组评价

序号	评价项目	评价情况
1	着装是否符合要求	
2	是否能合理规范地使用仪器和设备	
3	是否按照安全和规范的流程操作	
4	是否遵守学习、实训场地的规章制度	
5	是否能保持学习、实训场地整洁	
6	团结协作情况	

参与评价的同学签名：_____　　_____年___月___日

❸ 教师评价

_____

_____

教师签名：_____　　_____年___月___日

四 技能考核标准

车身连接知识考核表
满分100分　考核时间为20min

序号	项目	操作内容	规定分	得分
一	安全防护	操作时不戴手套	3	
		操作时不戴护目镜（戴眼镜不扣）	3	
		操作时不戴耳罩	3	
		操作时不穿安全鞋	3	
二	工具使用规范	未正确使用电阻点焊设备	5	
		未正确使用气体保护焊设图示	5	
		未正确使用錾削工具	5	
		未正确使用带式打磨设备	5	
三	车身连接规范	电阻点焊未采取跳焊方式进行焊接	6	
		塞焊未采取跳焊方式进行焊接	6	
		对接焊未采取分段焊接	6	
四	对接焊质量控制	焊缝两侧出现阶差变形、凹陷深度≥1.5mm，以10mm为一处	6	
		对接焊焊缝收缩变形，两端翘起量＞1mm，每侧扣2分	6	
五	电阻点焊质量控制	焊点全部变为蓝色	6	
		焊点间距差值＞1mm，每个扣1分	6	
六	塞焊质量控制	焊点直径、高度超标，每个焊点扣2分	6	
		背面焊疤直径（标准：≥5mm）、高度（标准：≤1.5mm）超标，每个焊点扣2分	6	
		每个焊点出现气孔扣1分	6	
七	车间7S管理	是否大声吵闹	2	
		是否乱扔垃圾	2	
		是否安7S标准整理工位及场地	4	
	总分		100	
教师签名：				

学习任务 13　后翼子板更换

学习目标

★ **知识目标**

1. 了解各种不同形式车身板件更换的基本步骤；
2. 熟悉车身钢板损伤类型，并会制定修理方案；
3. 掌握板件更换的质量检验标准，会对修理后的车辆进行质量检验。

★ **技能目标**

1. 根据修理方案，会正确拆卸车辆装饰品等附件；
2. 会选择相应的工具对板件的焊点、焊缝进行分离，焊接等操作；
3. 能够初步完成后翼子板的更换工作。

建议课时

10 课时。

任务描述

车辆发生尾部左侧后翼子板严重变形，后挡风玻璃破损。通过保险理赔人员初步损伤评估，需对左侧后翼子板进行更换，内部加强件变形视情而定。

一　理论知识准备

① 概述

翼子板是遮盖车轮的车身外板，因旧式车身该部件形状及位置似鸟翼而得名，现代轿车的后翼子板与车身本体制成一体。车辆发生尾部严重事故，修理难度加大，多采用后翼子板更换的修理工艺来进行修复。而受损零件的修复与更换是困扰汽车维修企业的一个难题，同时也是汽车车身修复技术人员必须掌握的一项技术，是衡量汽车车身修复水平的一个重要标志。

❷ 后翼子板的作用

汽车行驶过程中,防止被车轮卷起的砂石、泥浆溅到车厢的底部,同时也起到美化车身的作用。当车辆发生尾部碰撞时,后翼子板会产生一定的变形来吸收因碰撞产生的载荷。

❸ 车身侧围的结构

翼子板由外板覆盖件和内板加强件,采用树脂或电阻点焊等形式将其连接成一体,如图 13-1 所示。

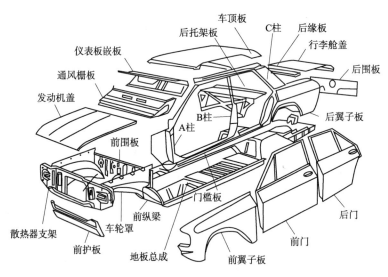

图 13-1 整体式车身侧围结构图

整个侧围由前立柱板(A柱)、中立柱板(B柱)、后立柱板(C柱)、门槛板及后翼子板等几部分组成。

❹ 车身板件更换原则

经过校正工作,将车身尺寸回复到原始位置 ±3mm 范围后,应更换无法修复的板件。对损伤的板件是进行修理还是更换,经常存在不同的意见。一般原则是:

(1)结构性板件能修理则不更换,对于损伤严重变形的板件,建议进行更换。

(2)覆盖性板件能更换则不修理,对于损伤较轻的板件,建议进行修复。

但二条应遵循金属板变形极限原则,当金属板件的弯曲半径小于 3.2mm,或弯曲角度大于 90°时,如图 13-2 所示,一定要进行更换操作。

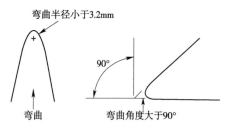

图 13-2 弯曲与过度弯曲示意图

在板件更换工作中,有两种情况,一个为整体件更换,另一个为局部更换,后翼子板更换为局部更换。

❺ 车身板件更换流程

车身板件更换可分为整体更换和局部更换,但不管是整体更换还是局部更换,其操作流程基本一致,见表13-1。

整体更换或局部板件更换步骤　　　　　　　　　　　　表13-1

序号	步骤	图示	说　明
1	拆卸辅件	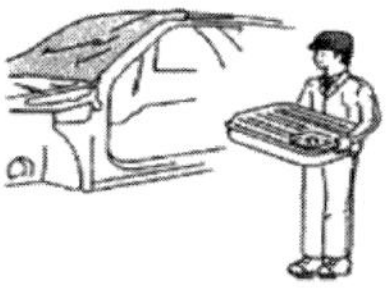	拆卸阻碍车身校正或更换板件的装饰件、线束及未损伤的部件
2	车身校正	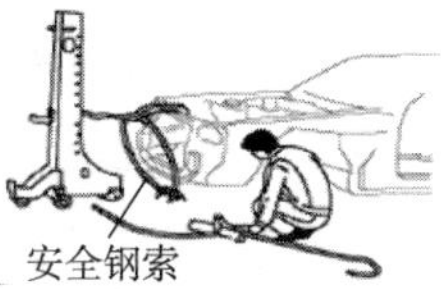 安全钢索	车身损伤较轻可继续使用的部件,利用相关设备较正
3	损伤部件的分离		车身损伤严重无法使用,且影响安全性的部件,根据相应的损伤程度,确定整体更换还是局部更换,并分离相应的部位
4	准备新板件	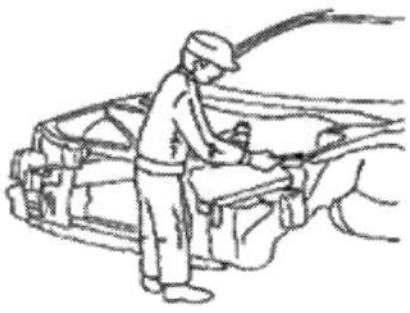	根据车身损伤形式、部位和损伤面积,准备整体构件或切割相符合的新件待用
5	新板件定位	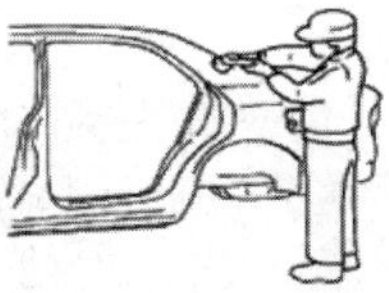	采用临时连接的方式,对新件进行临时固定
6	检查连接件尺寸间隙	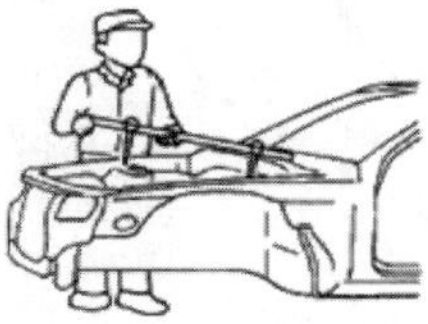	车身各部件有相应的匹配参数,可利用原厂数据,通过测量法、目测法等手法检查部件是否符合要求
7	焊接新板件	 地线	通过调整、固定、检查、验证等作业,确认新件的尺寸和位置正确无误后,即可转入焊接操作
8	防腐作业	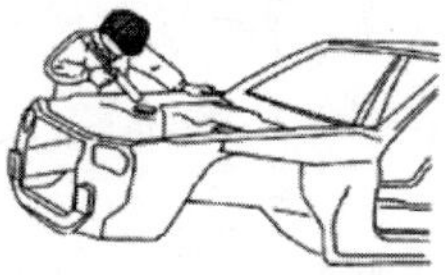	焊接前在接合面上施涂防锈材料以外,焊接竣工后还应在焊缝处涂刷防腐材料

续上表

序号	步骤	图示	说　明
9	喷漆工序		校正、更换、防腐等作业全部竣工后，交油漆工进行喷漆作业
10	安装辅件		待油漆干燥后，安装装饰件、线束等辅助部件

6 结构件的分离与连接

受损伤的整体式车身部件，一般在生产时的接缝处进行更换。但当必须分离的接缝处于车辆未受损伤的区域内部或损伤面积较小时，整体更换会对车身造成二次损伤。例如：对纵梁、立柱、门槛板、地板及侧围进行整体更换，不但维修费用高，且修理过程中对车身二次损伤也较严重。在修理过程中，应该合理地选择分离位置。

（1）分离部位的选择。

根据修理实践经验总结得出，可进行分离作业的板件主要有：车门槛板、后侧围板、地板、前纵梁、后纵梁、行李舱地板、A 立柱、B 立柱及 C 立柱，如图 13-3 所示。

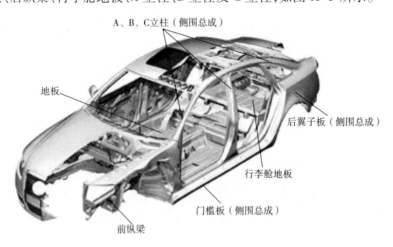

图 13-3　车身可分离板件

车身分离作业时，为了保证车辆结构的完整性，不对车身造成二次损伤，对分离部位、切口走向、更换范围等都有一定的要求，视车身结构强度、连接方式、断面形状等因素而定。一般各款品牌及车型的维修手册中都有规定，也可按以下基本原则选择：

①避重就轻。选择的分离位置需避开重要支撑作用的位置，安装孔的位置，测量点的位置，有加强板的位置等。

②易于修理。板件分离后需要对接口、焊缝等进行修复，应按修理工作量的大小选

择切口断面,尽量选择切口正好位于车身内、外装饰件的覆盖范围内,同时又可保证美观度。

③便于施工。分离部位应选择更换作业的难易程度,便于车身分离、安装、连接的切口。

④避免应力集中。应力集中区域会使车辆在使用过程中产生意想不到的损坏,如车身异响、风噪等,严重时甚至会造成车身断裂。所以,车身分离的切口选择应避开车身构件应力集中区域。

(2)车身连接的基本类型。

车身分离后连接的类型分为三类,分别为偏置对接、搭接和对接,如图13-4所示。

a)对接(有插入件)　　b)搭接　　c)偏置对接(无插入件)

图13-4　车身连接类型

①偏置对接。即二块板没有插入件的对接,主要应用于A立柱、B立柱、C立柱、前纵梁和后纵梁等,覆盖件的连接。

②搭接。即一块板搭于另一块板之上的焊接形式,主要应用于地板、行李舱地板、挡泥板等的连接。

③对接。即用插入件的焊接形式,主要用于封闭截面梁、车门槛板,也适用于A立柱、B立柱、C立柱及车身梁的连接。

二　任务实施

1　准备工作

(1)模拟板件更换的实操训练教学用车1辆,要求可进行反复操作教学。

(2)辅助部件拆装工具1套(可选用150件工具组合套装,塑料卡扣拆卸专用工具,测量工具:钢直尺、钢卷尺,划线工具:划针或记号笔)。

(3)相应实操训练车型的维修手册。

(4)安全防护用品1套。

2　技术要求与注意事项

(1)拆卸/安装过程中,要严格按照维修手册操作流程,防止损坏零部件。

(2)切割、焊接操作时会产生明火,注意车间用火安全,切割、焊接前需保证内饰件完全拆卸。

(3)进行修理作业前,必须检查是否有燃油渗漏现象,发现有燃油渗漏,则必须完全封闭开口。如需在燃油箱附近进行焊接作业,应先拆下燃油箱,并塞住燃油管路。

(4)安装完毕后,检查后翼子板与各部件的间隙应符合原厂配合间隙范围。

❸ 实训器材

棉丝手套	焊接手套	耳罩	透明面罩	自变色焊接面罩
护膝	焊接服	G型大力钳	U型大力钳	圆头锤
带式打磨机	錾子套装	斜口钳	气动切割锯	专用去点焊钻
气动研磨机	二氧化碳气体护焊机	电阻点焊机		

❹ 操作步骤

一、损伤板件分离作业

1. 使用相应的拆卸工具拆卸妨碍矫正、切割、焊接的辅助部件

提示：

拆卸的部件有：行李舱边框饰板、后排座椅、后窗台板及后挡风玻璃、C立柱装饰板、后座安全带、后保险杠、燃油箱等

2. 使用直尺和记号笔确定并划出车身顶端处切割范围

提示：

（1）切割位置参照维修手册相关技术要求，一般按损伤程度确定为大切，还是小切（具体的数值不作说明）；

（2）操作时，方向最好与车身基准面垂直，有利于操作，也有利于新件的安装操作

续上表

一、损伤板件分离作业	
3.使用直尺和记号笔确定并划出车身门槛处切割范围	
4.按照所作切割位置记号,使用分离工具对后翼子板进行粗切割 提示: (1)使用气动割锯时,要严格按照切割锯安全使用手册; (2)禁止使用氧-炔加热设备加热或切割; (3)切割操作过程中,只能对覆盖件表面进行切割,不能损伤内部结构性板件	
5.专用去除点焊钻或去点焊工具,将需分离的车身板件所有电阻点焊焊点去除 提示: (1)使用专用去除点焊钻时,要严格按照安全使用手册; (2)去除点焊操作时,只能对覆盖件的钢板进行切削,防止打穿或损伤内板	
6.电阻点焊焊点全部去除后,使用錾子对焊点进一步錾削,并取下后翼子板总成 提示: (1)本实训车可重复使用,取下后翼子板总成时,注意不能折弯,影响重复使用; (2)实际修理中,取下后翼子板总成前,要将车身上的密封胶完全清理干净	
二、新件更换准备作业	
1.使用分离工具对新板件进行粗切割 提示: (1)新件与车身切割接头部分应预留重叠位置20~30mm; (2)切割、钻孔、焊接等训练可采用替代品进行训练	

续上表

二、新件更换准备作业	
2. 用砂纸或研磨工具清除新板件的底漆(电泳层) 提示: (1)清除电泳层的表面要保持平滑,不能打磨过度(过热发蓝或板件变形); (2)新件表面电泳层要彻底打磨干净,防止焊接过程中,产生脱焊	
3. 新件打磨区域喷涂导电底漆 提示: 导电底漆要喷涂均匀,不能过厚,防止从连接表面渗出	
4. 使用钻削工具打塞焊孔 提示: (1)塞焊冲孔的直径及数量参考维修手册标准,一般后翼子板的孔径为5mm; (2)焊接操作前需进行试焊检查,强度达到维修手册规定后才可正式焊接	
三、车身底板更换前准备作业	
1. 使用研磨工具等设备,将车身底板残留电阻点焊点、旧漆层、油漆等处理干净 提示: 作业时,研磨残留痕迹等,不能将底板打磨过度(过热发蓝或板件变形)	
2. 结构性板件修理,按照维修手册标准维修,达到标准后,进行新板件更换操作 提示: (1)结构性板件损伤不严重,可继续使用,参照维修手册修理; (2)结构性板件受损较严重,不可重复使用,参照维修手册进行更换维修操作	

续上表

三、车身底板更换前准备作业	
3. 车身修理区域喷涂导电底漆 提示： 导电底漆要喷涂均匀，不能过厚，防止从连接表面渗出	
四、新件的安装与定位	
1. 根据基准孔或旧件位置将新件进行临时定位 提示： 定位空间小无法使用夹具，可使用螺栓或自攻螺钉固定	
2. 使用测量工具，测量后车门开口处的对角线尺寸，确定外板位置 提示： （1）测量尺寸允许误差应在±3mm范围； （2）后车门框和行李舱框定位尺寸符合标准尺寸后，才能预装各部件进行配合间隙检查	
3. 查阅后车门框定位尺寸说明图 提示： （1）后车门定位尺寸的确定，通常选用 S 与 P，O 与 T 两对； （2）S 点到 P 点的尺寸为 1054±3mm； （3）O 点到 T 点的尺寸为 859±3mm	
4. 查阅行李舱框定位尺寸说明图 提示： （1）行李舱框定位尺寸的确定，通常选用 f 与 C，c 与 D 两对； （2）C 点到 f 点的尺寸为 1144±3mm； （3）D 点到 c 点的尺寸为 1179±3mm	
5. 临时固定后车门与后翼子板配合间隙检查 提示： （1）后车门与后翼子板的配合标准间隙为4.0mm； （2）通过调整后车门铰链螺栓或后翼子板安装位置，将两者的间隙调整到规定值范围	

续上表

四、新件的安装与定位	
6. 临时安装后挡风玻璃,并检查后翼子板与后挡风玻璃的配合间隙 提示: 通过调整后翼子板安装位置,将后翼子板与后挡风玻璃的间隙调整到规定值范围	
7. 临时安装行李舱盖,并检查后翼子板与行李舱盖的配合间隙 提示: (1)后翼子板与行李舱盖的配合标准间隙为3.7mm; (2)通过调整行李舱盖铰链螺栓或翼子板安装位置,将两者的间隙调整到规定值范围	
8. 临时安装后尾灯总成,并检查后尾灯与后翼子板的配合间隙 提示: 通过调整翼子板安装位置,将后翼子板与后尾灯总成的间隙调整到规定值范围	
9. 临时安装后保险杠,并检查后翼子板与后保险杠的配合间隙 提示: 通过调整翼子板安装位置,将后翼子板与后保险杠总成的间隙调整到规定值范围	
五、新件的精确切割	
1. 使用分离工具将拼接部位多余的板件切除 提示: 拼接部位的间隙应保证在0.5~1mm的范围	
2. 新板件装夹固定 提示: 通过调整、固定、再次检查验证等作业后,确认新件与车身底板的配合尺寸和位置正确无误后,转入焊接作业	

续上表

六、新件的焊接	
1. 电阻点焊接 提示： （1）电阻点焊焊接焊点应比钻削作业的焊点多出 20%～30%； （2）镀锌板材料，电阻点焊的电流应比普通板电流大出 20%～30%	
2. 二氧化碳气体保护焊塞焊 提示： （1）焊接顺序应遵循先中间后两边的原则，以减少焊接变形； （2）正式焊接前应进行试焊强度检测，强度达到标准后再进行车身焊接作业	
3. 二氧化碳气体保护焊对接焊 提示： （1）对接焊应遵循分段焊接原则，以减少焊接变形。如有凹陷，应一边焊接，一边拉伸； （2）对接焊焊接头宽度值应达到维修手册标准值； （3）焊接后，用手砂轮磨削接合处高出覆盖件表面的焊疤，焊疤的打滑要与表面平齐、光滑、不能有毛刺	
七、7S 整理	
7S 整理 提示： 按照 7S 管理标准，整理操作工位及场地	

三 评价与反馈

1 自我评价

（1）通过本任务的学习你是否已经掌握以下内容：

①后翼子板更换作业的工具有哪些？

②后翼子板更换作业过程中应符合哪些技术要求?

③车身板件更换的原则有哪些?根据分离位置和板材的不同如何选择分离工具?

(2)实训过程完成情况如何?

(3)通过本任务的学习,你认为自己的知识和技能还有哪些欠缺?

签名:＿＿＿＿＿＿　　＿＿＿＿年＿＿月＿＿日

❷ 小组评价

序号	评 价 项 目	评 价 情 况
1	着装是否符合要求	
2	是否能合理规范地使用仪器和设备	
3	是否按照安全和规范的流程操作	
4	是否遵守学习、实训场地的规章制度	
5	是否能保持学习、实训场地整洁	
6	团结协作情况	

参与评价的同学签名:＿＿＿＿＿＿＿＿　　＿＿＿＿年＿＿月＿＿日

❸ 教师评价

教师签名:＿＿＿＿＿＿　　＿＿＿＿年＿＿月＿＿日

四 技能考核标准

车身分离知识考核表
满分100分　　考核时间为20min

序号	项目	操作内容	规定分	得分
一	安全防护	操作时不戴手套	2	
		操作时不戴护目镜(戴眼镜不扣)	2	
		操作时不戴耳罩	2	
		操作时不穿安全鞋	2	
二	工具使用规范	未正确使用气动切割锯	5	
		未正确使用专用去点焊钻	5	

续上表

序号	项目	操作内容	规定分	得分
二	工具使用规范	未正确使用錾削工具	5	
		未正确使用气体保护焊	5	
		未正确使用磨削工具	5	
		未正确使用电阻点焊设备	5	
三	质量控制	切割线后板件尺寸≥0.5mm（>5mm算一处），每处扣2分	56（扣完为止）	
		切割线垂直度，有明显切割台阶一处扣5分		
		切割后下层底板有无损伤，每1mm算一处，每处扣5分		
		去除点焊后底板有无损伤，每孔算一处，每处扣3分		
		对接焊焊缝两侧出现阶差变形，凹陷深度≥1.5mm，以10mm为一处，每处扣3分		
		对接焊焊缝收缩变形，两端翘起量>1mm，每侧扣2分		
		电阻点焊焊点全部变为蓝色，每个扣1分		
		电阻点焊焊点间距差值>1mm，每个扣1分		
		塞焊焊点直径、高度超标，每个焊点扣2分		
		气体保护焊背面焊疤直径（标准：≥5mm）、高度（标准：≤1.5mm）超标，每个焊点扣2分		
		塞焊每个焊点出现气孔扣1分		
四	车间7S管理	是否大声吵闹	2	
		是否乱扔垃圾	2	
		是否按7S标准整理工位及场地	2	
总分			100	
教师签名：				

项目五 车身测量

学习任务14 机械式测量

学习目标

知识目标

1. 了解机械式测量系统的类型及组成;
2. 了解机械式测量系统的功能结构;
3. 了解轨道式量规、自定心规和减振器拱形座量规的用法。

技能目标

1. 会使用机械通用测量系统进行车身尺寸的测量;
2. 会根据不同的测量位置,选择相应的测量工具设备,进行相应的数据测量;
3. 掌握各类机械式测量系统的详细操作方法;
4. 能够根据测量结果分析车身变形的程度。

建议课时

6课时。

任务描述

车辆发动机舱位置有变形现象,需要对其进行校正前的测量。确定采用机械式测量的通用测量系统(米桥式通用机械测量系统),对受损车辆发动机舱部位进行车身数据的测量。

项目五 车身测量

一 理论知识准备

车辆以 50 km/h 的速度与一个障碍物正面相撞时,发动机舱的长度缩短 30%～40%,乘客舱的长度会缩短 1%～2%。维修人员在对碰撞车辆维修前,必须将所修车辆的实际测量值与已知正确的测量值进行比较,确定车辆的损伤情况,可根据实际测量值,制定维修方案。在轻微损伤时,可能仅需要目测检查。在严重损坏的情况下,需要使用复杂的测量设备。

(一)测量基础

车辆制造厂在车身设计时就对车身的孔、特定的螺栓孔、螺母、板件的边缘或其他的位置给出了尺寸要求,如图 14-1 所示。

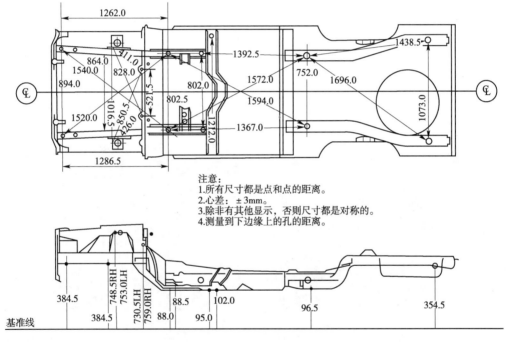

图 14-1 原厂车身数据图标注的各种孔等

维修车辆时,必须将这些点恢复到原厂尺寸,通过比较对角线长度来检查车身的各部分在对角线方向是否平直,长、宽、高的尺寸都要进行对比。测量车身结构是否对中时,应当以中间部分作业测量基准,所有测量值和对中读数都应当是相对中间部分,从中间部分开始测量,如果中间部分不是平直的,那么就在车辆未损坏的一端找出三个正确的定位基准点。为了精确地测量车辆,必须从已知正确的至少三个基准点开始。如果车辆是不对称的,则通过相关的尺寸图获得有关的正确尺寸。

(二)机械式测量系统

机械式车身测量系统大致可分为量规测量系统、专用测量系统和通用测量系统三种基本类型。

❶ 量规测量系统

量规测量系统是由简单的常规测量工具演化而来的,常规的测量工具有卷尺和钢板尺,如图14-2所示。这二种测量尺可以测量点对点之间的距离,但由于车身的结构特点,测量时会有障碍物,测量的准确性有偏差,这就需要使用专用的量规测量系统。

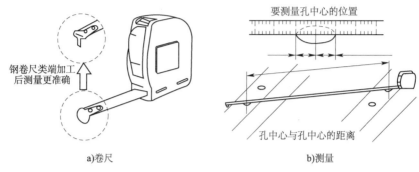

a)卷尺　　　　　　　　　　　　　　b)测量

图14-2　常规测量工具

量规测量系统按照测量需求的不同,可分为轨道式量规、定心量规和麦弗逊撑杆式中心量规等。它们既可以单独使用,也可互相配合使用。

(1)轨道式量规。

轨道式量规一次只能测量一对测量点,得到一个尺寸,记录下每一个测量的尺寸,并与另外两个控制点进行交叉测量对比检验,其中至少一个为对角线测定,如图14-3所示。

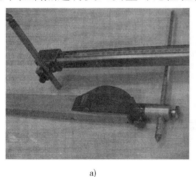 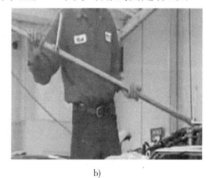

a)　　　　　　　　　　　　　　　b)

图14-3　轨道式量规测量系统

轨道式量规可用于测量悬架、机械元件上的焊点、测量孔、车身下部尺寸、侧面车身尺寸等,如图14-4所示。

a)测量机舱上部尺寸　　　　b)测量底盘下部尺寸　　　　c)测量车身侧面尺寸

图14-4　轨道式量规的应用

（2）轨道式量规使用方法。

车身构造中，大多数的控制点实际上都为孔洞，而测量尺寸也是中心点至中心点的距离。如果所测的孔洞不是同一尺寸，它们通常也是同一类型的孔，如圆孔、方孔、椭圆孔等。由此，要测出孔中心点间的距离，先要测得孔内缘间距，而后再测得孔外缘间距，如图14-5所示，然后将两次测量结果相加再除以2即可。

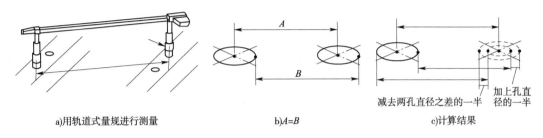

a）用轨道式量规进行测量　　　b）$A=B$　　　c）计算结果

图14-5　轨道式量规测量方法

①上部车身的尺寸测量。

发动机舱、行李舱及底盘下部的轻微损伤，可以使用轨道式量规进行快速测量，确定损伤范围等。在测量之前必须检验变形的程度，图14-6给出了典型的前部车身控制点及后部车身控制点，对照汽车厂家车身尺寸表就可对其进行检验。

②车身侧板的尺寸测量。

车身侧边结构的任何损伤，都可以通过车门开关时的不规则性来确定。找出车身变形所在位置，应把注意力放在漏水的可能性上。这样，必须进行精确的测量。车身侧板的测量主要使用导轨式量规，其测量点如图14-7所示。

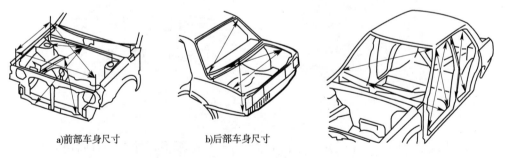

a）前部车身尺寸　　　b）后部车身尺寸

图14-6　典型的车身尺寸测量　　　图14-7　侧面车身尺寸

利用车身的左右对称性运用对角线测量法可检测出车身的翘曲，见图14-8a）。在检测汽车两侧受损或扭转情况时，使用对角线测量法是不适当的，因为测量不出这两条对角线间的差异，见图14-8b）。如果汽车左侧和右侧的变形相同，则对角线长度相等，见图14-8c）。

（3）轨道式量规使用注意事项。

使用轨道式量规时，要注意以下事项：

①汽车上固定点如螺栓、柱销孔的测量；

②点至点测量为两点间直线测量距离；

③量规臂与汽车车身平行,这就可能要求量规臂上的指针要设置成为不同长度;

④某些车身尺寸说明书上以臂长表示尺寸,有些则以点至点之间长度表示尺寸,而有的则两者都用;

⑤对损伤车辆车身说明书标注出的所有各点都要进行测量。

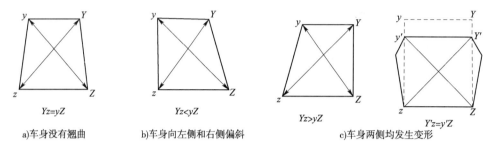

图 14-8　车身左右对称性的对角线检测法

（4）中心量规。

中心量规与轨道式量规相似,它不能用来测量,但能够通过投影用肉眼看出车身结构是否准确。中心量规可安装在汽车的不同位置。量规(通常为3个或4个)悬挂在汽车上,其横臂相对于量规所附着的车身结构都是平行的。将4个中心量规分别安置在汽车最前端、最后端、前轮的后部和后轮的前部,在作翘曲检查时,首先在两个无明显损伤的位置上悬挂好中心量规,然后再在有明显损伤的地方悬挂两个量规,如图 14-9 所示。然后查看悬挂在这两个位置上的量规,检验它们是否平行或存在着中心销间的错位。

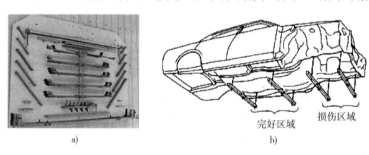

图 14-9　中心量规

基准线或基准面是一个假想的平滑表面,与车身底板平行并与之有固定的距离。生产厂家测得的高度尺寸都是以它为基准得来的,它也是在修理过程中用来测量的主要表面。基准面被用来作为所有车身垂直轮廓测量的参照面,汽车尺寸数据就是由基准面而得到的测量结果,如图 14-10 所示。

读取基准时,所有的量规必须都在同一平面上。将4个量规全部悬挂好之后,观察它们的顶部以确定汽车的基准是否正确。如果4个量规的顶部在一条直线上,说明汽车在基准面上;如果它们不在同一条直线上,则说明汽车偏离了基准面,如图 14-11 所示。

（5）中心量规测量系统使用。

①扭转变形。

扭转变形存在于整个汽车之中。当汽车一侧在前端或后端受到向上或向下的撞击后,就会沿着相反的方向(向下或向上)向另外一端移动,同时相反一侧则会出现完全相反的损伤。只能在中心零平面处对扭转变形进行检验,否则,由于前部或后部的错位可能会得出不准确的检测结果。为检验汽车的扭转变形,必须悬挂两个基准量规,这两个基准量规也称之为2号量规(前部中心量规)和3号量规(后部中心量规)。

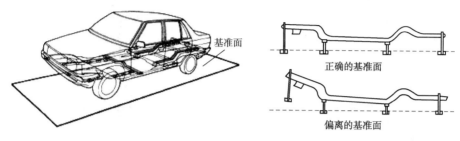

图14-10 车身基准面　　　　　　图14-11 中心量规的测量原理

进行检测时,这些量规要与最近的基准量规比较观测。1号量规要与2号量规比较,1号量规要与3号量规比较。如果前部量规(或后部量规)与最近的基准量规平行,扭转变形就不可能存在,但在中部区段可能会有不水平状况。当汽车发生了扭转变形时,量规会出现如图14-12所示的情形。

②菱形变形。

菱形变形是指梁或臂被向前(或向后)推向相反一侧时的情形,它常存在于传统车架式车身上。检测菱形变形的方法很简单,用轨道式量规,测量出钢梁或臂的前拐角至相反一侧后拐角之间的距离即可。在这里,精确的测量尺寸并不重要,因为只需最后简单地比较一下两对侧的测量结果即可。如果一侧对角线比另一侧长,表明存在菱形变形,如图14-13所示。

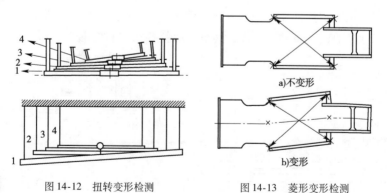

图14-12 扭转变形检测　　　　　图14-13 菱形变形检测

③断裂损伤。

断裂损伤的测量也需要使用轨道式量规。如果发现汽车任何部件及车架构件的尺寸比汽车厂家说明书上标准的尺寸短,则表明汽车可能有断裂损伤。在使用轨道式量规对产生断裂损伤的汽车进行测量时,首先要弄清楚厂家说明书上的结构图及各尺寸数据。将部件的标注尺寸减去实际测得的损伤后尺寸即为断裂损伤的总和,使用轨道式量规测量不同碰撞形式的正确测量方法如图14-14所示。

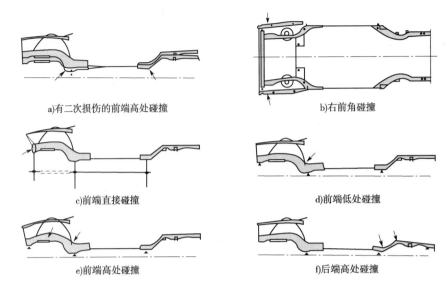

a) 有二次损伤的前端高处碰撞　　b) 右前角碰撞

c) 前端直接碰撞　　d) 前端低处碰撞

e) 前端高处碰撞　　f) 后端高处碰撞

图 14-14　断裂损伤检测

④ 上下弯曲。

上下弯曲是指汽车车身中部位置较正常变低时的情形。检测上下弯曲变形要用三个中心量规，一个安置在前部横梁上，另一个安置在车身中部位置，第三个则安置在后门位置。如果这三个量规都是居中并且互相平行，但中间的量规低于其他两个量规，见图14-15，这就表明车身中部上存在上下弯曲变形。

⑤ 左右弯曲。

左右弯曲是车辆的前部、中部或后部受到横向碰撞后而引起车架或车身偏离中心面的变形状态，需用3个中心量规对其进行检测。对于前部受撞的汽车，将2号基准量规悬挂在车颈位置，3号基准量规悬挂在后门位置，1号观测量规悬挂于前部横梁上。如果1号量规与2号、3号量规不在一条直线上，那么汽车前部就存在左右弯曲变形，如图14-16所示。

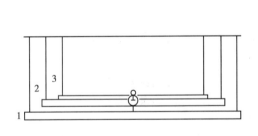

图 14-15　上下弯曲检测　　　　图 14-16　左右弯曲检测

（6）麦弗逊撑杆式中心量规。

麦弗逊撑杆式中心量规主要用于测量减振器拱形座、上部车身部件相对中心线平面和基准面的不对中情况。它一般安装在减振器的拱形座上，如图14-17b）所示，利用减振器拱形座量规就能观察到上部车身的对中情况。

项目五 车身测量

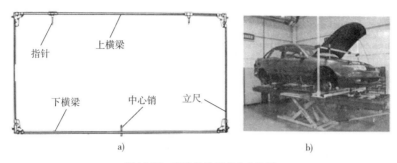

图 14-17 麦弗逊撑杆式中心量规

2 专用机械测量系统

由于汽车业的激烈竞争、车辆个性化的迅速发展,使得车辆的品种越来越多,专用测量头(定位器)已经不能满足多样性修理的需求,所以现在越来越广泛地应用通用型的测量系统。专用测量系统在模具式校正设备当中会讲述,这里不再说明。

3 通用机械测量系统

通用机械测量系统在现代的车身维修作业中被广泛应用,特别是米桥式通用测量系统,如图 14-18 所示。它使一部分测量工作变得更容易、更精确,该系统能同时测量所有基准点。

在使用米桥式通用机械测量系统过程中,车辆上的基准点与供应商提供的标准数据不一致时,则表明被测车身的基准点可能发生了变形。如果正确安装了测量系统各个部件,用测量探头(指针)进行基准点的测量,如果指针不在基准点位置,需进行人工微调或联系供应商进行修正。

图 14-18 米桥式通用机械测量系统

(1)米桥式通用机械测量系统的组成。

米桥式通用机械测量系统由三大部分组成,即底部米桥尺、横尺及测量探头、门形立尺及上横尺,如图 14-19 所示。

图 14-19 米桥式通用机械测量系统组成

大多数机械式测量系统都是把几对测量探头（指针）固定在一个精确的测量架上，建立起车身和测量系统的基准，在测量桥或测量架上定位好测量系统的测量探头（指针），就可以同时测量受损车辆上的多个基准点。

（2）辅助量头。

通用式机械测量系统还包含有很多辅助的量头，来配合车身上不同位置的孔、螺栓、椭圆孔等测量位置，如图14-20所示。

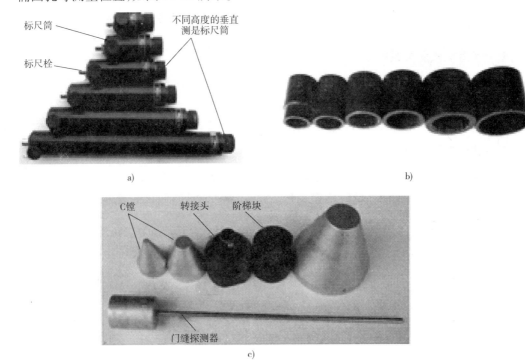

图14-20 不同类型的辅助测量头

（3）固定器。

除了主尺、横尺、测量探头以外，米桥式通用机械测量系统还有各种不同的固定器，如图14-21所示。固定座的作用是将各主尺等连接起来，形成一个完整的测量系统。

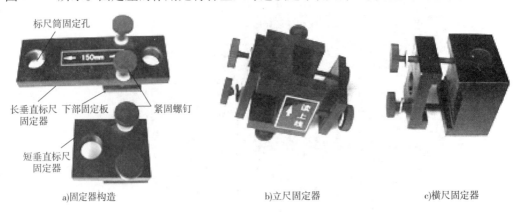

图14-21 不同类型的固定器

项目五 车身测量

实际测量操作过程中,修理人员首先要用测量探头(指针)来测量基准点。通过各基准点实际测量数据并与标准数据相比较,就能很快地确定各个基准点所处的位置是否变形,如果车上的基准点的数据超过±3mm的公差,就必须对基准点先进行校正。

基准点找好以后,就可以利用安装在测量架上的测量探头(指针)来测量车身上的各个测量点图。根据每个车辆的标准数据,通过测量、对比数据的变化来判定车身部件是否变形,校正工作是否准确,或者更换新部件的定位是否正确。

二 任务实施

1 准备工作

(1)整体式车身1台(凯美瑞)、车身校正平台(奔腾B2E)1台、米桥式通用机械车身测量系统1套。

(2)车身底部尺寸数据图1套、车身上部尺寸数据图1套。

(3)安全防护用品1套:防护镜、棉丝手套、安全帽。

2 技术要求与注意事项

(1)测量操作前,需对车身进行固定操作,固定车身时,注意通用夹具的安装位置,确定基准面、中心平面及零平面的位置。

(2)测量操作时,根据图纸提供的相应信息,对相应的受损位置选择相应的附件进行安装与测量。

(3)测量数值的读取,必须遵照制造厂所指定的位置进行读数并记录,以免产生读数误差,造成不必要的错误判断。

3 实训器材

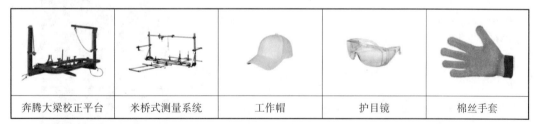

| 奔腾大梁校正平台 | 米桥式测量系统 | 工作帽 | 护目镜 | 棉丝手套 |

4 操作步骤

| 一、维修人员安全防护(参照项目一学习任务2) |
| 二、测量系统基准的建立 |

1.梯子支撑杆安装
提示:
3根梯子支撑分别安装于校正平台的前、中、后3个位置

续上表

二、测量系统基准的建立	
2. 长梯子组件安装 提示： 米桥式测量系统的长梯子组件摆放于支撑杆之上，并适当调整左右位置，使其中心基本与车辆中心一致	
3. 读取车辆数据图信息 提示： 被测车辆图纸信息标注了所有车身测量的数据信息内容（空间三维坐标的长、宽、高），根据图纸信息选择基准点	
4. 被测车辆数据图信息 提示： 基准点为"BT"，"E"为圆孔	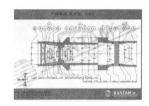
5. 基准点垂直标尺固定器安装 提示： 使用600mm中心线杆尺，并将垂直标尺固定器安装与横尺上，刻度对于468mm处固定	
6. 基准点垂直标尺筒安装 提示： 根据图纸所提供的信息选择110～185mm的标尺筒，将标尺筒组件安装完成，并旋入垂直标尺固定器上	
7. 基准点中心线杆尺安装 提示： （1）中心线杆尺安装至长梯子之上，注意中心线杆尺有左右之分，不能搞错； （2）移动中心线杆尺至基准点位置，使其与基准点对齐	

续上表

二、测量系统基准的建立	
8. 基准点孔安装 提示： （1）释放标尺筒紧固螺钉，适配器在标尺筒弹簧力作用下，是否正好顶住基准点孔； （2）使用上述同样的方法，将左侧基准点安装完成，如能正好顶住，说明基准点未变形；如偏差较小，可移动标尺，观察适配器是否顶住基准孔；如偏差较大，说明基准点孔变形，需校正	
9. 参考点孔（后部基准点）安装 提示： 参考点孔的安装与基准点孔的安装方法一致	
10. 长梯子尺带移动 提示： 移动长梯子尺带至基准点零点位置，左侧的尺带为基准点至后部车身的尺寸长度，右侧为前部车身至参考点（后基准点）的尺寸长度	
三、测量车身底部尺寸	
车身底部尺寸测量 提示： 根据车身图纸安装各测量点的标尺，测量相应点的尺寸，记录测量数值，并与图纸标准信息比较，确定校正拉伸量	
四、7S整理	
7S整理 提示： 按照7S管理标准，整理操作工位及场地	

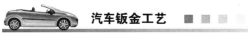

三 评价与反馈

❶ 自我评价

(1)通过本任务的学习你是否已经掌握以下内容:

①车身机械式测量系统有哪几种形式?
_____

②米桥式机械测量系统能测量哪些部位?
_____

③米桥式机械测量系统的基准是如何建立的?
_____

(2)实训过程完成情况如何?
_____

(3)通过本任务的学习,你认为自己的知识和技能还有哪些欠缺?
_____

签名:_____　　____年___月___日

❷ 小组评价

序号	评 价 项 目	评 价 情 况
1	着装是否符合要求	
2	是否能合理规范地使用仪器和设备	
3	是否按照安全和规范的流程操作	
4	是否遵守学习、实训场地的规章制度	
5	是否能保持学习、实训场地整洁	
6	团结协作情况	

参与评价的同学签名:_____　　____年___月___日

❸ 教师评价

_____
_____
_____
_____
_____

教师签名:_____　　____年___月___日

四 技能考核标准

米桥式测量系统知识考核表 满分100分 考核时间为20min					
序号	项目	操作内容	规定分	得分	
一	安全防护	操作时不戴手套	3	
		操作时不戴护目镜（戴眼镜不扣）	3	
		操作时不戴安全帽	3	
		操作时不穿安全鞋	3	
二	米桥式测量系统使用	未正确使用支撑杆	5	
		未正确使用长梯子组件	5	
		未正确使用中心线杆尺	5	
		未正确使用垂直标尺	5	
		未正确使用标尺筒	5	
三	测量标尺筒选用	基准点测量标尺筒选用	5	
		参考点测量标尺筒选用	5	
		测量点测量标尺筒选用	5	
四	适配器选用	基准点测量适配器选用	5	
		参考点测量适配器选用	5	
		测量点测量适配器选用	5	
五	测量质量控制	基准点数值	5	
		参考点数值	5	
		测量点数值(3对)	15	
六	车间7S管理	是否大声吵闹	2	
		是否乱扔垃圾	2	
		是否安7S标准整理工位及场地	4	
总分			100	
教师签名：				

学习任务 15　电子式测量系统

学习目标

★ 知识目标
1. 了解电子式测量系统的类型及组成；
2. 了解电子式测量系统的功能结构；
3. 了解电子式测量系统的使用方法及用途。

★ 技能目标
1. 学会使用电子式测量系统进行车身尺寸的测量；
2. 掌握电子式测量系统的详细操作方法；
3. 能够根据测量结果分析车身变形的程度。

建议课时

6课时。

任务描述

车辆发动机舱位置有变形现象，需要对其进行校正前的测量，确定维修方案，利用超声波电子测量系统（奔腾SHARK测量系统），对受损车辆发动机舱部位进行车身数据的测量。

一　理论知识准备

电子式测量系统使用专门的电子传感器（不同原理的电子测量使用不同的传感器），电子传感器通过相应的元器件将空间三维数据转化为二进制码输入计算机，由计算机计算得出车身结构在三维空间坐标上的数值，并与内部原始数据进行对比，从而迅速、便捷的测量出车身结构的损伤情况。

（一）半机械半电子测量系统

近年来，随着汽车工业的迅猛发展，汽车保有量不断的上升，大量且频繁的交通事故导致事故汽车的修理量急剧增加。普通的机械式测量已不能满足修理的需求，由此出现了各种各样的电子测量系统。针对不同的车辆损伤,可选用相应的测量设备测量。

❶ 位移传感器电子测量系统

常见的位移传感器电子测量系统,以 CHIEF 公司的 VIRTEX 电子测量系统最具代表性,如图 15-1 所示。

它具有一个类似轨道式量规的测量尺,在量规上安装了位移传感器,通过位移传感器将数据传送至电子显示屏上,显示屏显示测量的高度、长度两个方向的数值。一次只能测量两个测量点之间的数值,即高度和长度、高度和宽度数值,然后把数据通过有线或无线方式传输到计算机的软件系统内,软件系统把测量的数据与系统内标准数据对比,得知测量的结果,判断车身是否发生变形。

❷ 角位传感器电子测量系统

常见的角位传感器电子测量系统比较多,如 Carbenc、Spenis 等电子测量系统最具代表性,如图 15-2 所示。

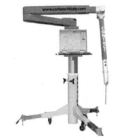

图 15-1 位移传感器电子测量系统　　　　图 15-2 角位传感器电子测量系统

使用组合机械臂的方式进行测量,测量自由臂由几组可以转动的关节臂连接,每两个关节臂之间可以在一个平面内 360°转动,多组臂的转动可以实现空间三维的移动,可以移动到空间的任意一个位置,在连接处有角度传感器,任何一个关节转过的任何一个角度都会被记录并被传输到计算机上。自由臂的每个关节臂的长度是固定的,计算机会自动的计算出自由臂端部到达的空间位置的三维数据。

❸ 角位移传感器电子测量系统

常见的角位移传感器电子测量系统,以 Car-o-Liner 的电子测量系统最具代表性,如图 15-3 所示。

这种电子测量系统,结合了位移传感器和角位传感器测量两种方式,不但能测量平面数据,也能测量三维数据,是前面两种测量系统的综合。在实际拉伸修复中经常要同时监控多个控制点,而半机械半电子测量系统不能做到多点同步进行测量。在测量中要反复不断重复测量不同的控制点,否则有可能在拉伸中导致有些点拉伸数据的失控。

❹ 半机械半电子测量系统的特点

测量系统在测量中,每次只能测量一个控制点,或两件控制点之间的位置数据,不能同时测量多个控制点,操作比较繁琐,效率较低。

相对于机械测量系统来说,实现了计算机计算,维修人员不用再去翻阅原厂数据图纸进行对比,也不必记录各种测量数值,减轻了维修人员劳动强度。

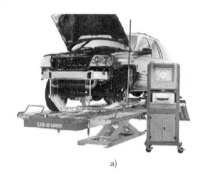

图15-3 角位移传感器电子测量系统

(二)全自动电子测量系统

全自动电子测量系统有激光测量系统和超声波测量系统两大类。

1 激光电子测量系统

此测量系统由多个反射靶、激光发射接收器和一台计算机组成,如图15-4所示。它通过两个激光发射器发射激光投射到标靶上,每个标靶有不同的反射光栅,再由光栅反射的激光束测量出数据传输到计算机,由计算机通过计算得出测量点的三维空间尺寸。激光测量系统提供直接瞬时的尺寸数据,在拉伸和校正过程中,车辆损伤及未损区域的基准点都可被持续监测。

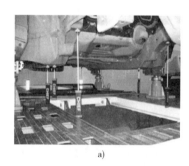

图15-4 激光电子测量系统

其操作步骤如下:

(1)将车辆装到校正架上,在车辆中部下面放置激光发射接收器,并将激光器和计算机用电缆连接。从计算机中调出被修车辆的车身数据尺寸图,车身数据尺寸图可能是一个、两个或三个视图,一些图表还给出了发动机舱下面和上部车身的尺寸。

(2)按计算机的提示,选择合适数字的标靶、标杆和磁性安装头装到车辆的测量点上。若要测量车身上部的各个测量点,还要在减振器拱形座上安装一个专用支架,在量针接触减振器拱形座上特定的点时,支架底部的反射激光靶就可以被激光发射接收器读取到。

（3）在车辆上安装好激光器和反射靶后,即可用计算机对系统进行标定,然后再读取车辆的尺寸。通过触摸屏或用鼠标点击图标或通过键盘输入,就可以完成对结构损伤部位的精确测量。

❷ 超声波电子测量系统

超声波电子测量系统是目前应用最广的全自动电子测量系统,以 BANTAM – SHARK 系统最为常见,如图 15-5 所示。其测量精度可以达到 1mm 以内,具有测量稳定、准确,可以瞬时测量,操作简便、高效等优点。可以对车辆的预检、修理中测量和修理后检验等工作提供有效的帮助,现在也用于一些二手车辆交易中的车身检验。

1）超声波电子测量原理

其原理是声音以等速传播的方式为设计理念,在每个测量点上安装超声波传感器,并发送超声波,由横梁上的 48 个高频麦克风接收超声波,可实现快速精确地测量声波在车辆上不同基准点之间传播所用的时间,然后由计算机根据每个接收器的接收情况自动计算出每个测量点的三维数据,如图 15-6 所示。

图 15-5　超声波电子测量系统

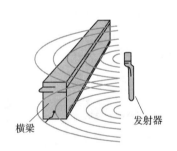

图 15-6　超声波测量原理

2）超声波电子测量系统组成

超声波测量系统主要由控制柜和测量横梁两部分组成,如图 15-7 所示。

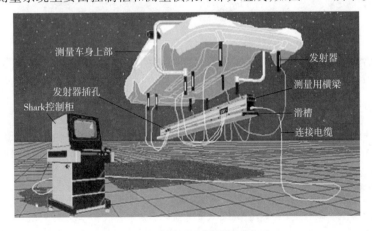

图 15-7　超声波测量系统的基本组成

(1)控制柜。

控制柜包括了计算机,显示器,键盘,打印机,附件和发射器,如图15-8所示。

(2)超声波发射器。

发射器一端用来与车辆测量点上的附件相连的,另一端连到测量横梁上并由发射器上的两个发射点发射超声波,如图15-9所示。

图15-8　控制柜

图15-9　超声波发射器

(3)超声波接收器(横梁)。

超声波接收器(横梁)用于检测发射器发出的超声波,测量横梁上的48个(横梁每侧24个)高频麦克风接收超声波信号,以对车身测量点进行测量定位,如图15-10所示。

(4)各种测量孔安装头。

针对车身上测量点的不同,配备了各种各样的精确加工的附件,无论车身测量点是孔、螺纹孔或螺栓,都能准确牢固的安装在测量点上,如图15-11所示。

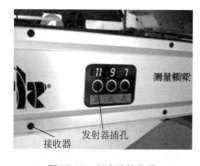
图15-10　超声波接收器

图15-11　测量安装头

3)超声波测量系统使用

超声波测量系统的操作相对简单,整个系统尽量简化操作的步骤,一般使用快捷键来操作。操作步骤如下:

(1)进入系统界面。

选择语言的种类,为了方便各国的使用者,系统内安装了包括汉语在内的主要语言种类,如图15-12所示。

(2)数据库系统。

根据事故车的类型选择汽车公司、汽车品牌、生产年代,从数据系统内调出符合的车型数据图,如图15-13所示。

  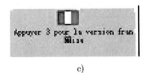

　　a)　　　　　　　　　　　b)　　　　　　　　　　　c)

图 15-12　测量系统语言选择界面

（3）选择测量基准。

超声波测量系统在使用时，大大简化了操作过程。由于每个超声波发射器有两个发射源，接收装置也有多个，系统可以自动计算出宽度和高度的基准，不用再去人工调整。根据车辆的损坏情况，来选择长度基准，汽车前端发生碰撞则选择后面的基准点作为长度基准，若汽车的后端发生碰撞则选择前面的基准点作为长度基准。如果中部发生碰撞，则要对中部进行整修，直到中部 4 个基准点有 3 个点的尺寸恢复，如图 15-14 所示。

图 15-13　测量车型数据选择界面　　　　图 15-14　长度基准的选择界面

（4）测量点传感器的安装。

根据车身的损坏情况来选择车身上哪些点需要测量，需要测量的点按照计算机的提示选择合适的传感器连接杆和适配器，如图 15-15 所示，计算机还可以显示要测量点的位置图，把传感器通过合适的连接安装头连接到车身上，把传感器的连接线连接到选定的接口上。

（5）选择测量模式。

维修中，系统能同时监控多达 12 个测量点，系统会根据数据库里的车型数据自动算出测量值与标准值之间的差值，如图 15-16 所示。

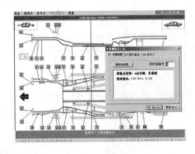 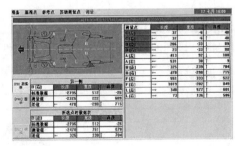

图 15-15　界面提示选择合适安装头　　　　图 15-16　测量界面

（6）拉伸校正中的测量。

超声波测量系统一次可以测量多个测量点，对几个点同时测量监控。可以选择持续测量实时监控模式,系统会自动每隔很短时间发射一次超声波进行测量,会把最新的测量结果在显示器上实时刷新。在校正过程中,修理人员可以很直观的注意到车身尺寸的变化情况,如图 15-17 所示。

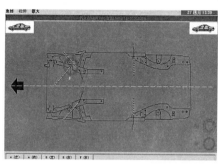
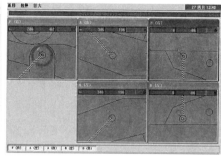

图 15-17 拉伸校正测量

超声波测量系统同时可以监控多达 12 个测量控制点,可以实时监控测量数据的变化。测量过程中测量传感器不会相互干扰,系统每隔 1~2s 会自动重新测量一次,把环境对它的影响减小到最小。操作中不用调节水平,计算机自动找正,而且不会因为发射器、接收器的位置移动而改变数据。可以实现车辆碰撞修理前的预检、测量、定损、修理中的测量监控以及修复后的数据存储打印等工作。

二 任务实施

1 准备工作

(1)整体式车身 1 台(凯美瑞)、车身校正平台(奔腾 B2E)1 台、BANTAM – SHARK 车身电子测量系统 1 套。

(2)安全防护用品 1 套(防护镜、棉丝手套、安全帽)。

2 技术要求与注意事项

(1)测量操作前,需对车身进行固定操作,固定车身时,注意横梁需置于车身中心。

(2)测量操作时,会根据所测点进行流程的安排,对相应的受损位置选择相应的附件进行安装与测量。

(3)测量前需作好相应的防护工作。

(4)根据测量的测量数值,判断损伤,并根据损伤程度,制定相应的维修程序制定。

3 实训器材

| 棉丝手套 | 护目镜 | 安全帽 | 电子测量系统 | 大梁校正平台 |

❹ 操作步骤

一、维修人员安全防护	
穿戴防护用品 提示： 具体防护用品参照项目一任务2	
二、电子测量系统使用	
1. 进入测量系统界面 提示： 根据系统提示逐步进入系统界面，直至测量基准点安装界面	
2. 测量头选择 提示： 选择相基准点测量头，如不知道测量头类型，可参考电脑操作系统提示，相应的附件上也标有相应的编号	
3. 基准点测量头安装 提示： C30测量头安装至基准点安装孔内，注意安装时，测量头要与车身保持垂直，并用专用工具拧紧	
4. 发射器安装 提示： （1）从机柜中取出发射器，安装至测量头之上，并将连接头插入横梁相应的孔内； （2）发射器与测量头的连接头有磁性，安装时注意要轻拿轻放，防止损坏发射器	
5. 参考点安装 提示： （1）选择参考点测量头，安装至车身参考点处，并用专用工具拧紧； （2）参考点的安装可参照基准点的安装	

续上表

二、电子测量系统使用	
6. 测量点安装 提示： （1）选择测量点测量头，安装至车身相应测量点处，并用专用工具拧紧； （2）横梁的长度有限，测量点的测量头未对准横梁接收孔时，可移动横梁使其在测量范围内	
7. 测量 提示： 按快捷键 F1 进行测量，并记录测量出来的相应数值	
8. 删除发射器 提示： 测量完毕后，还需进行下一测量点测量的，需删除前测量点的发射器，再进行下一测量的安装并测量，直至测量点测量完毕	
9. 拆卸测量头 提示： （1）测量完毕后，将所有的发射器全部拆卸并整理归回原位； （2）专用工具拆卸所有测量头，并归回原位	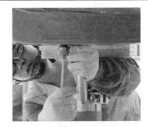
10. 横梁复位 提示： 测量完毕后，将测量系统的所有设备全部恢复原位	
三、7S 整理	
7S 整理 提示： 按照 7S 管理标准，整理操作工位及场地	

三 评价与反馈

❶ 自我评价

(1)通过本任务的学习你是否已经掌握以下内容：

①车身电子测量系统有哪几种？
_____

②超声波电子测量系统由哪些设备组成？
_____

③超声波电子测量系统的流程？
_____

(2)实训过程完成情况如何？
_____

(3)通过本任务的学习,你认为自己的知识和技能还有哪些欠缺？
_____

签名：_____　　　____年___月___日

❷ 小组评价

序号	评价项目	评价情况
1	着装是否符合要求	
2	是否能合理规范地使用仪器和设备	
3	是否按照安全和规范的流程操作	
4	是否遵守学习、实训场地的规章制度	
5	是否能保持学习、实训场地整洁	
6	团结协作情况	

参与评价的同学签名：_____　　____年___月___日

❸ 教师评价

_____
_____
_____
_____
_____

教师签名：_____　　　____年___月___日

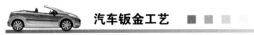

四 技能考核标准

超声波电子测量系统知识考核表
满分 100 分　考核时间为 20min

序号	项目	操作内容	规定分	得分
一	安全防护	操作时不戴手套	3	
		操作时不戴护目镜(戴眼镜不扣)	3	
		操作时不戴安全帽	3	
		操作时不穿安全鞋	3	
二	测量点选择	未正确选择基准点	5	
		未正确选择参考点	5	
		未正确选择测量点	5	
		未正确进入系统界面	5	
		未正确使用发射器	5	
三	测量头选择	基准点测量头选用	5	
		参考点测量头选用	5	
		测量点测量头选用	5	
四	测量质量控制	基准点数值	10	
		参考点数值	10	
		测量点数值(3 对)	20	
五	车间 7S 管理	是否大声吵闹	2	
		是否乱扔垃圾	2	
		是否安 7S 标准整理工位及场地	4	
	总分		100	
教师签名：				

项目六 车身校正

学习任务 16　地框式校正

 学习目标

⭐ **知识目标**

1. 了解地框式校正系统如何安装和使用；
2. 熟悉承载式车身、车架操作中要遵循的安全注意事项；
3. 掌握根据不同材料的车身及损伤类型，选用合理的维修设备；
4. 了解地框式校正系统由哪些设备组成。

⭐ **技能目标**

1. 掌握车辆变形的校正原理与校正方法；
2. 掌握地框式校正设备的操作方法。

 建议课时

6课时。

 任务描述

车辆行驶过程中，发生后门下部的加工硬化区受损，经线部位出现明显折损，利用底框式校正系统，对受损部位进行快速修复。

一　理论知识准备

为了高质量地修好汽车，必须先对碰撞损坏做精确的诊断，确定导致变形的主要原因、确定损坏的类型及其严重程度、分析损坏的范围,找到受损的所有部件。在此基础上,再根据检测的结论,着手制定修复步骤。盲目的进行修复作业,不但无法完全修复损伤,甚至还会对车身造成二次损伤。

事故车辆分析诊断的一般步骤如下:

(1)了解汽车车身结构,分析构造组成部件。

(2)目测碰撞位置,确定碰撞力的方向及大小,检查全车可能存在的损伤区域。

(3)利用测量工具对主要构件定位参数进行精确检测,并将实测数据与维修手册标准值对比,确定损伤程度。

(4)根据相关检测数据制定维修方案。

(一)车身校正的重要性

车身的拉伸校正是整个工艺流程的核心部分,也是严重损坏的事故车钣金维修作业的重点。

车辆受到严重撞击后,车身的覆盖性板件和结构性板件都会发生不同的变形。车身覆盖性板件的蒙皮的凹凸变形,可使用锤子、垫铁和外形修复机进行维修,而车身结构性板件的损伤维修仅仅使用这些工具无法满足维修需求。因为车架式车身和整体式车身结构性板件非常坚固,强度也非常高,对于这些板件的整形,必须通过较大的外力才能够进行修复操作。而运用车身校正仪可以快速且精确地修理这些变形损坏的板件。

车身的校正和拉伸过程,以前是以人力来操作,是一种笨重的体力操作过程。现在已被巨大且平稳的液压力代替,使用现代化的车身校正设备来进行车身维修操作相对来说是比较容易的,如图16-1所示。

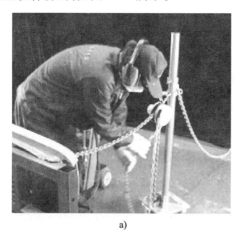

a)　　　　　　　　　　　　b)

图16-1　车身校正的发展

车身校正设备的优点:

(1)拉伸校正设备可以使车身板件维修高效率、高精度的恢复板件形状和状态。

(2)通过拉伸校正,不仅可以容易地将车身变形尺寸精度恢复到偏差小于±3mm,保证车身安装的各总成及各机构的位置精度,也能使车身各板件的机械性能恢复到原来的状态,保证汽车行驶的各项性能要求。

（3）可以帮助车身维修人员准确判断板件是维修还是更换。

（4）车身板件维修的基本原则是"弯曲就修，扭曲就换"。通过拉伸校正，不仅可以较容易的维修弯曲的板件，还可以根据初步拉伸校正的恢复程度准确判断板件是否应该更换。

（二）车身校正的基本原理

车身校正的重点是"精确地恢复车身的尺寸与状态"，因为车身（特别是整体式车身）是车辆的基础，汽车的发动机、悬架、转向系统等都安装在车身上，如果这些部件安装点的尺寸没有校正到原尺寸，那么就会影响车辆的使用性能。如出现轮胎偏磨、跑偏、前翼子板安装处有扩大的裂纹等，这些原因往往是车身内部的损伤没有完全修复。

校正（拉伸）车身时，有一个基本原则，即按与碰撞力相反的方向，在碰撞区施加拉伸力，如图 16-2 所示。

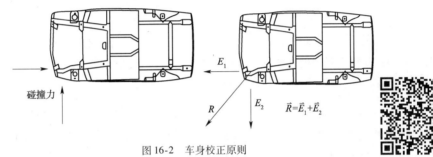

图 16-2 车身校正原则

当碰撞很小，损伤比较简单时，单点拉伸的方法很有效。但是当损伤区有折皱，或者发生了剧烈碰撞，结构性板件变形比较复杂，这时仍采用沿着一个方向拉伸就不能使车身恢复原状，如图 16-3 所示。这是因为变形复杂的结构性板件，在拉伸恢复过程中，其强度和变形也随着改变，因此拉伸力的大小和方向就需要适时改变，且还要采用多点拉伸的方法进行校正。

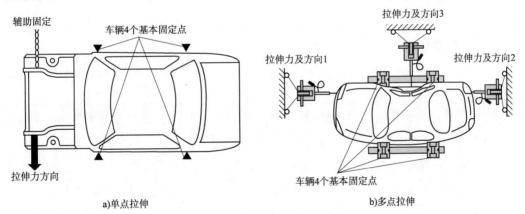

a）单点拉伸　　　　　　　　　　b）多点拉伸

图 16-3 车身校正

（三）地框式校正系统（地八卦）

地框式校正系统最适合于小型的车身维修车间使用，因为当顶杆、主夹具和其他动力辅助设备被移走后，校正作业区就可以用作其他用途，有利于车间面积的充分利用。与台架式校正系统等校正设备相比较，地框式校正系统还有方便实用、不必上台架等优点，车辆处于校正系统范围内即可进行校正作业，如图16-4所示。

图16-4　典型地框式校正系统

地框式校正系统可以用一种称为加力塔架的装置，提供额外的拉力。在车身上进行校正操作时，加力塔架随时可以提供拉力，也起到固定支撑的作用。

❶ 底框

底框主要由槽钢焊接而成，并且添加工字钢作为支撑，如图16-5所示。加工字钢支撑是为了提高整个底框的强度与承载能力，同时可以保证整个底框具有相等的强度，这一点很重要，直接关系到底框的安全可靠性和使用寿命。

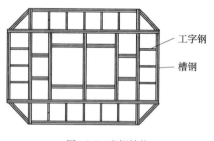

图16-5　底框结构

底框的主要作用是为汽车车身和各种辅助装置（如：固定卡具、车辆等）提供安装、检测、承受拉塔链条施加的拉力、举升器的压力的工作基准。它的规格一定要满足车身的长度和宽度要求，且要大于汽车的长度和宽度便于车身固定校正。

❷ 拉伸塔柱

拉伸塔柱主要由拉塔立柱、液压系统、支转球头、加长杆和连接头组成，其中液压系统是最主要组件，如图16-6所示。

拉伸塔柱的主要作用是对车辆损坏部位进行拉拔整形时，为其提供动力及支撑点。塔柱为可移动式，根据车辆拉拔整形要求，移动至所需位置并固定在相应的底框上。

❸ 固定装置

固定装置一般可分为二大类，即车身固定装置和校正设备固定装置，如图16-7所示。车身的固定根据车辆的受损程度确定是否需要固定，如受损程度较小，则不需进行固定即可作业。如受损程度较大，相对校正作业时拉伸的力度也相应增大，为获得大的拉力，就需对车身进行拉伸塔柱固定，防止车身在拉伸校正作业过程中产生位移，影响校正的准确性。

固定夹具及支撑装置的作用是将汽车夹紧定位,并将修复过程中的牵引力分散到汽车各处。

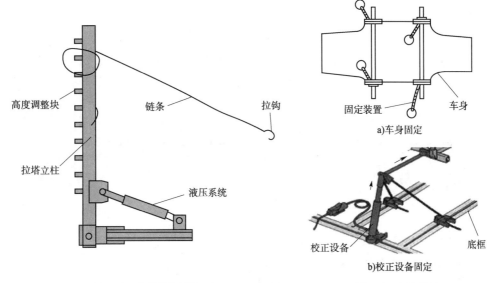

图 16-6　拉伸塔柱结构　　　　　图 16-7　固定装置

校正作业时,对于损伤小的车辆,可用车身自重并利用制动系统来固定车辆然后进行校正作业。而对于相对损伤稍大的车辆,则需要使用地框式校正系统中的车身固定装置进行固定,再进行校正作业。如损伤非常严重,对车身纵梁等结构性强度高的校正作业,不但要进行前二项固定装置外,有时还需要用加力塔架等对车辆进行牵引固定,才可进行校正作业。

❹ 拉伸器

车身修理的底框式校正系统拉伸器多采用液压系统进行控制,拉伸器安装在可移动的拉塔支架两立柱之间,作业时通过铁链和夹钳与车身损伤部分连接,并修复损伤区域,如图 16-8 所示。

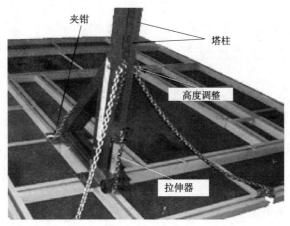

图 16-8　拉伸器(塔柱)

5 辅助夹具

夹具是连接锁链和被校正部位的重要工具。通常,同一类夹具有多个品种,而且结构简单,容易使用,性能良好,如图16-9所示。

图16-9 辅助夹具的使用

(四)地框式车身校正设备使用注意事项

当利用链条固定车辆校正时,必须特别注意下列事项:

(1)不可使链条绕过尖角拖拉,以免使链条开裂而断开。

(2)绝对不可以在链条上用气焊火焰加热,高温会破坏链条原来的热处理特性,严重的情况将会使其强度减弱。

(3)不能用螺栓将两段链条互相锁在一起使用,因为螺栓的强度通常很难承受这些拉力。

(4)链条断裂时,断裂端会飞弹起如同挥舞的鞭子,很容易引起伤害。为安全起见,需要在链条上包覆一层帆布或其他厚布料,这就可以抑制链条的回抽飞舞。

(5)运用底框式校正系统工作时,一定要将链条和固定支柱固定牢靠。因为只要链条和车辆间的固定点上受力,必定会在固定支柱上产生同样大的反作用力。

(6)将链条钩挂在固定支柱上时,注意固定支柱、液压缸脚及车辆连接点要与拉力方向成一直线。

(7)使用双头挂钩链条,要钩紧链条松弛的部分。

(8)当拖拉的链条要系在车架上时,在链条与车架梁之间要垫一些短角铁,以防止受力时损伤车架。

(9)使用手推式校正设备时,固定链条和拖拉链条必须系在相同的梁臂上,以防止校正设备在拖拉时翻倒。

二 任务实施

1 准备工作

(1)轻微损伤车辆1辆。

(2)车身校正设备(史宾尼斯地框式)1套。

(3)整形设备(介子机)1套(介子片(圆垫圈)、自制拉环、拉伸杆等)。

(4)钣金修复锤1把。

2 技术要求与注意事项

(1)作业前检查设备及清理场地,场地周边不能堆放杂物,整理油、气管路,防止操作时挤压管路。

(2)根据车辆损伤程度,选择不同的车身固定方法,本文描述为轻微损伤车辆的车身校正,固定方式可采用车身自重固定。

(3)拉伸操作前,检查链条、钣金工具、拉环是否完整,没有破损、裂口、大划伤方可使用。

(4)拉伸时,相关人员不要与链条受力方向在同一条直线上,需站与受力方向的侧面至少1m远的距离进行操作。

(5)校正、整形后的质量需符合相应的维修手册整形标准,一般允许误差在±3mm范围。

3 实训器材

棉丝手套	护目镜	工作帽	钣金锤	圆盘式打磨机
外形修复机	地框式校正仪			

4 操作步骤

一、车身辅件拆卸	
1.防撞装饰条拆卸 提示: (1)使用刮刀片将防撞装饰条的密封胶条沿相应方向切割,并与车身分离; (2)分离时注意刮刀角度,应与车身表面保持平行,不要划伤不必修理的漆面	
2.拆除防撞装饰条的效果	

续上表

二、漆面打磨	
1. 损伤区域漆面打磨 提示： (1) 利用研磨设备将损伤区域的旧漆膜研磨干净； (2) 研磨作业时，注意力度，不要损伤底板，并注意砂纸粗细的选择，一般研磨旧漆膜选用60目砂纸	
2. 损伤区域判断并划线 提示： (1) 本损伤区域为门板经线部位损伤； (2) 使用直尺及划线工具确定拉伸位置	
三、介子片焊接及拉伸前准备	
1. 介子片焊接 提示： 把环形介子片，利用整形设备焊接于损伤区域划部位。介子片的数量、间距视损伤区域的大小和长短而定，一般每两个介子片间距应控制在1cm左右	
2. 拉伸前准备 提示： 利用拉伸杆将自制拉伸环与介子片相连	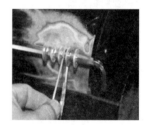
四、地框式校正设备使用	
1. 移动地框式校正设备塔柱 提示： 使用推的方式将塔柱移动至所需要校正作业的区域，塔柱要与车身损伤区域相交成垂直角度	

续上表

四、地框式校正设备使用	
2. 固定拉伸塔柱 提示： (1) 锤子敲击楔形铁，使固定销向上拉伸，从而固定拉伸塔柱； (2) 楔形铁处于拉伸塔柱底部，两边各有一块，均需紧固	
3. 固定拉伸塔柱支腿 提示： (1) 按顺时针方向旋动拉伸塔柱支腿螺栓，进一步固定拉伸塔柱，防止在拉伸时塔柱受力而位移； (2) 拉伸塔柱支腿共有二个，均需紧固	
4. 松开导向轮保险销 提示： 拔出保险销时注意用手握住导向轮手柄，并用力拔出导向轮保险销	
5. 导向轮高度调整 提示： (1) 根据拉伸位置将导向轮移至相应高度，并把保险销按要求锁止； (2) 注意导向轮的高度要与受损拉伸校正区域在同一平面	
6. 液压缸链条固定卡钩调整 提示： 转动链条固定卡钩至图示位置，注意链条固定卡钩不能受反方向拉伸力，防止链条在受力时脱落	
7. 拉伸钩调整 提示： 调整拉伸钩时，注意链条不能扭曲	

续上表

四、地框式校正设备使用	
8.拉伸校正作业 提示： 校正作业时，必须观察链条的拉伸力度，不能过度拉伸，以免造成二次损坏	
9.钣金锤敲击受损区域 提示： 敲击受损区域，使受损区域应力集中点的应力分散，提高板件修复效率	
五、7S 整理	
7S 整理 提示： 按照 7S 管理标准，整理操作工位及场地	

三 评价与反馈

❶ 自我评价

（1）通过本任务的学习你是否已经掌握以下内容：

①地框式校正系统由哪些设备组成？

_____

②地框式校正系统是如何使用的？

_____

③地框式校正系统的操作流程？

_____

（2）实训过程完成情况如何？

_____

（3）通过本任务的学习，你认为自己的知识和技能还有哪些欠缺？

_____

签名：_____　　　____年___月___日

❷ 小组评价

序号	评价项目	评价情况
1	着装是否符合要求	
2	是否能合理规范地使用仪器和设备	
3	是否按照安全和规范的流程操作	
4	是否遵守学习、实训场地的规章制度	
5	是否能保持学习、实训场地整洁	
6	团结协作情况	

参与评价的同学签名：_____　　_____年___月___日

❸ 教师评价

_____

_____

教师签名：_____　　_____年___月___日

四 技能考核标准

地框式校正系统知识考核表
满分 100 分　　考核时间为 30min

序号	项目	操作内容	规定分	得分
一	安全防护	操作时不戴手套	3	
		操作时不戴护目镜（戴眼镜不扣）	3	
		操作时不戴安全帽	3	
		操作时不穿安全鞋	3	
二	工具使用规范	未正确使用打磨机	5	
		未正确使用钣金锤	5	
三	地框式校正系统使用	未采用正确方法移动拉塔	5	
		拉伸前未正确固定拉塔	5	
		拉伸前未正确调整链条高度	5	
		拉伸前未正确调整链节平行度	5	
		拉伸前未正确使用拉钩固定	5	
		拉伸时未正确判断拉伸力度	5	
四	质量控制	修复部位形状低于板面高度≥1mm 一处扣 4 分（长度≤5mm 为一处）	40（扣完为止）	
		修复部位形状高于板面高度一处扣 8 分（长度≤5mm 为一处）		

续上表

序号	项目	操作内容	规定分	得分
五	质量控制	修复后,原折痕位置有明显痕迹一处扣1分(长度≤5mm 为一处)	40（扣完为止）	
六	车间7S管理	是否大声吵闹	2	
		是否乱扔垃圾	2	
		是否安7S标准整理工位及场地	4	
	总分		100	

教师签名：

学习任务 17　传统台架式校正

学习目标

知识目标

1. 了解传统台架式校正设备是如何装配和使用的；
2. 了解传统台架式校正平台的工作特点；
3. 掌握传统台架式校正设备的组成及使用范围；
4. 了解传统台架式校正平台的使用注意事项。

技能目标

1. 掌握传统台架校正设备的操作流程；
2. 掌握传统台架校正设备的操作方法。

建议课时

6课时。

 任务描述

车辆行驶过程中,发生中部撞击事故,导致车门完全变形,前后二扇车门进行总成更换。中柱与门槛接触部位也出现轻微损伤,利用传统台架式校正系统,对受损部位进行快速修复。

一 理论知识准备

传统式台架校正仪,也称平台式校正仪,它是一个用液压设备校正较大车身损伤的构架,如图17-1所示。尽管车身校正设备的设计和配置不同,但用法却是相似的。

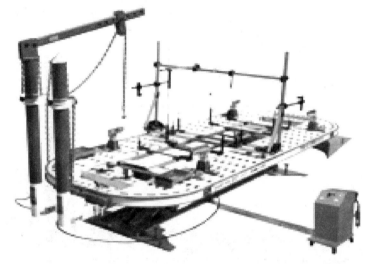

图17-1 平台式校正仪

传统式校正仪是一款通用型的车身校正设备,可以对各种不同类型、型号的车身进行有效的校正。一般传统式校正仪配备两个或多个塔柱进行校正拉伸,这种拉伸塔柱为车身修理人员提供了很大的自由度,可在绕车身360°的任何角度、任何高度进行牵拉作业。很多传统式校正仪具有液压倾斜装置或整体液压升降装置,利用一个手动或电动拉车器,将车身拉或推到校正平台上一定的位置。

同时传统式车身校正仪还配备有很好的通用测量系统,通过测量系统精确的测量,来指导校正拉伸工作的准确、高效作业。

(一)传统式校正仪工作原理

车身校正是将校正设备安装在车身上起到主要支撑及承载作用的构件,是车身零部件的安装基础,常见于纵梁、横梁、门柱及挡泥板等部位。这些构件在汽车制造厂整车出厂时就有独立的三维空间坐标,当车身因碰撞等原因损坏时,就需要使用一定的设备模拟三维空间坐标对其进行校正作业,如图17-2所示。

传统式校正仪就是利用校正平台作为损伤车辆车身测量的基准面,再利用相应的测量尺建立中心平面、零平面,测量并确定车身零部件三维空间坐标的安装位置是否变形,并利用校正平台相关辅助设备对车辆车身变形的部位进行校正作业,使车辆车身参数恢复至汽车制造厂出厂值的过程。

(二)传统式校正仪构造组成及特点

传统式校正仪主要包括有升降系统、上车系统、工作台、固定夹具、辅助拉伸工具、塔柱和塔柱连接机构等组成,如图17-3所示,且具有以下特点。

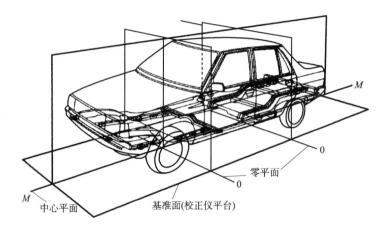

图 17-2 平台校正工作原理

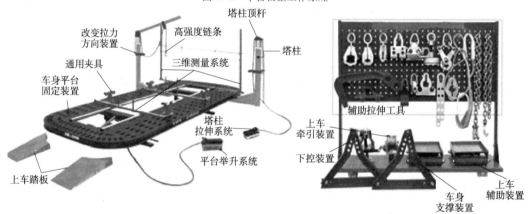

图 17-3 传统式校正仪组成

（1）通用性强：适用于各种型号的进口与国产轿车、越野车、旅行车、微型车及轻型载货汽车等车型的修理。

（2）精确度高：高精度的平台为修理人员提供一个测量和维修基准面，通用的车身测量系统可精确地测出车身的各种尺寸。

（3）动力性强：稳定可靠的液压动力系统实现可控的平稳拉伸，每个拉塔的最大牵引力均可达到100kN（10t）。

（4）实用性好：全部的液压拉塔均可在360°范围内与平台自由组合，方便实用的各种拉具可灵活地与被修车辆进行连接。

（三）传统式校正仪

1 平台

工作平台是整个校正系统的基础，其他的所有部件和被修车辆都是通过各种方式与平台组合成一体，从而构成一个完整的校正系统。所有的维修作业，如拉伸校正、测量、板件更换等，都是在工作平台上完成。

奔腾车身校正仪工作平台为整体焊接钢结构，并经过焊后整体人工时效处理以充分地消除内应力,从而确保平台长久不发生变形,如图 17-4 所示。平台工作表面经过整体机械加工以保证其平面度≤±1.5mm,从而实现对汽车的精确测量与校正。平台上布置有 161 个 150mm×60mm 的方形孔,用于安装各种工作装置和附具,从而最大限度地扩大校正系统的使用功能。

传统式校正工作平台有三种升降形式:固定式、倾斜式和垂直升降式,如图 17-5 所示。

图 17-4 奔腾车身校正仪工作平台

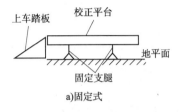 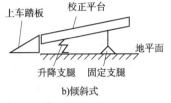 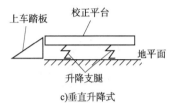

a)固定式　　　　　　b)倾斜式　　　　　　c)垂直升降式

图 17-5 传统式校正平台升降方式

(1)固定式平台不能升降。它利用前后两副固定支腿立于地面之上。汽车通过上车踏板进行上下。

(2)倾斜式平台可以单边着地,以利于汽车的上下。它的下部一侧装有固定支腿,另一侧装有活动支腿和升降装置。它可以通过液压系统的操纵实现平台的单边着地与起升,以方便损伤车辆上下平台。

(3)垂直升降式平台可以双边着地,利用上车系统牵引损伤车辆上下平台。也可以通过液压系统的操纵实现整体平台的升降,根据具体修理部位的不同,方便维修人员作业。

❷ 上车系统

上车系统是指把碰撞受损车辆通过该系统牵引并放置在校正平台之上,一般上车系统包括上车踏板、拖车器(滑板)、轮毂支架、拉车器(牵引器)等组成,如图 17-6 所示。

a)轮毂支架　　　　b)拖车器(滑板)　　　　c)拉车器　　　　d)上车踏板

图 17-6 上车系统部件

上车踏板是钢板焊接结构,外皮是花纹钢板,主要作用在于方便损伤车辆上下平台。

拖车器的作用是在某个车轮不转的汽车需要上下平台时,将其置于车轮之下,方便地实现车辆上下平台。

轮毂支架上布置有不同位置的许多小孔,并且孔位可方便地调整。对于那些没有轮胎的损伤车辆,可利用汽车轮毂上的螺栓与轮毂支架上的孔相连接,用轮毂支架来支撑被修车辆,并将其置于拖车器上上下平台。

车辆在因碰撞等事故中,车身损伤比较严重而失去动力状态下。车辆轮胎能继续工作,或在轮胎被拆除借助轮毂支架和拖车器(滑板)等上车工具时,因上车踏板有一定的斜度,通过拉车器(牵引器)可省力的将受损车辆牵拉至平台上。

❸ 升降系统

通过上车系统和平台升降系统把事故车放置在校正平台上,操纵液压控制器可调节校正平台至一定的工作高度,适合维修人员作业。校正平台的工作高度有固定式和可调式的,固定式的一般为倾斜式升降,高度在500mm。可调式的一般为整体式升降,高度一般为300~1000mm,如图17-7所示。

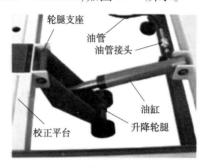
a)倾斜升降式

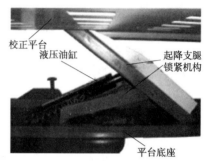
b)整体升降式

图17-7 校正平台升降系统

❹ 主夹具

夹紧装置主要由通用夹具和选配的专用夹具两种,一般夹具主要由夹具座、调节套、高度调节筒、夹钳组、夹具固定板、夹具固定销以及垫板和衔铁等组成。

受损车辆在平台上进行维修前,要用主夹具固定在平台上,使受损车辆、平台和主夹具成为一个刚性的整体,拉伸操作时由主夹具固定的受损车辆不能移动。主夹具根据车身下部固定位置不同有不同的形式,如图17-8所示。

a)双夹头

b)单夹头

c)特殊夹头

图17-8 各种类型的主夹具

双夹头夹具可以夹持比较宽的裙边部位,防止拉伸中损坏夹持部位。

单夹头夹具的钳口可以开口很宽,能够夹持车架。

对于一些特殊车辆的夹持部位有特殊的设计,有些车没有普通车的点焊裙边,如奔驰或宝马车就需要专门的奔驰宝马夹具来夹持。

❺ 液压系统

车身拉伸校正工作是通过液压力的强大力量来把车身上变形的板件拉伸到位,一般平台式车身校正系统配备气动液压系统或电动液压系统,如图17-9所示。

液压系统控制装置通过液压油管把液压油输送到塔柱内部的油缸中,推动油缸的活塞顶出。气动液压一般是分体控制的,而比较先进的电动液压系统一般是集中控制的,由一个或两个电动泵来控制所有的液压装置,这样效率更高,故障率更低,工作更平稳。

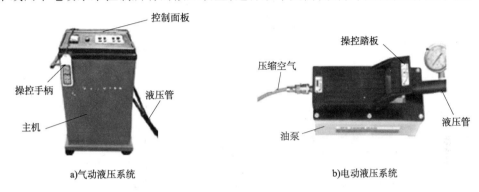

图 17-9 液压系统控制装置

6 液压拉塔

液压拉塔主要由塔柱体、塔柱支架、导向轮、工作油缸、活塞、卡箍总成、主链以及塔柱固定销、垫板和衔铁等部件组成,如图 17-10 所示。

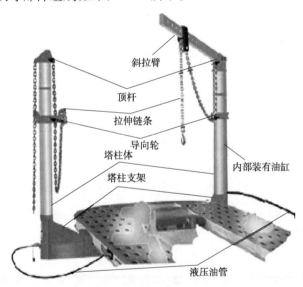

图 17-10 塔柱拉伸系统

塔柱体与塔柱支架通过焊接连为一体,其下部的 3 个万向轮可使塔柱自由移动。车身校正作业开始前要将塔柱推至合适位置,并利用塔柱固定销、垫板和衔铁在工作平台的四周任何位置与平台连为一体。

受损车身的拉伸操作是通过塔柱实现的,塔柱内部有油缸,液压油推动油缸活塞,活塞推动塔柱的顶杆,顶杆伸出塔柱的同时拉动链条,在顶杆的后部有链条锁紧槽把链条锁住,通过导向轮把拉力的方向改变成需要进行拉伸的方向,导向轮通过摩擦力锁紧在塔柱上。液压油缸通过活塞、链条提供对受损车身修复的拉伸力。

7 辅助拉伸工具

辅助拉伸工具的主要作用是校正系统在工作时起辅助作用并扩大校正系统的功能，它对于校正系统的正常工作是必不可少的。校正系统的附件主要包括链条连接板、副链、捆链、大梁拉钩、5t夹钳、3t夹钳、鸭嘴夹钳、减振器拉座、拖拉板、大拉板和小拉板等组成。下面以奔腾校正系统的辅助拉伸工具为例说明，如图17-11所示。

图17-11 奔腾校正系统辅助拉伸工具

链条连接板和副链的作用在于固定损伤车辆，当修理某些需要较大的拉力才能校正的车辆时，仅靠夹具的作用难以对汽车进行牢固的夹紧与定位。这时可利用副链将车身上适当的部位与平台进行连接，以分散车辆在校正作业时所受的作用力，从而有效地防止车身未损伤部分的变形。副链可用链条连接板卡在平台的任一方孔处。

大梁拉钩主要用于对汽车大梁等需要较大力量才能拉伸的部位的校正。校正时可用拉钩卡块卡住车身上相应的位置，用主链的大钩挂上大梁梁拉钩钩身上的圆孔，从而通过大梁拉钩将液压拉塔主钩上的作用力传递到被修车身。

5t夹钳和3t夹钳的结构与作用原理基本相同。它们分别由夹钳体、高强度螺栓和拉环等组成。两个对称的夹钳体通过高强度螺栓连为一体。在钳口一侧的钳体上开有相互交错的沟槽，以利于夹紧被修车体。钳尾一侧的内部呈内圆锥形状，并与拉环上的外圆锥相配合。工作时略微松开螺栓，使夹钳口夹住被修车身的适当部位，然后拧紧螺栓夹紧车身。将主链上的主钩挂上拉环，这时主链的作用力作用于拉环，拉环与夹钳体的内外圆锥产生相对移动，使夹钳尾部扩张，钳口部位则越来越紧，从而实现对车身的校正，且在拉伸校正过程中保持钳口对车身的自锁夹紧。

鸭嘴夹钳的作用原理和3t、5t夹钳的作用原理基本相同，只是尾部的结构略有区别。它是利用尾部的斜面和拉环上的横档而不是用内外圆锥的配合来实现拉伸过程中的自锁夹紧的。由于它的钳口部分呈扁平状，所以它特别适用于对作用空间较小的车身部分的夹持和校正。

减振器拉座由拉座体、扣板、向上拉环和侧向拉钩等部件组成，它的主要作用在于拉伸校正车身上的减振器安装位置。在拉座体的下部开有许多放射状的槽孔，可通过这些槽孔用螺栓与被修车身上的减振器安装孔相连接，并通过向上拉环进行向上方向的校正。二个扣板用螺栓与拉座体相连，扣板的侧面装有侧向拉钩，用于向侧向的拉伸校正。

大拉板、小拉板和拖拉板上都开有多个不同直径和位置的孔，作业时通过这些孔与车身上的适当螺钉相连，另一端则连接主链上的大钩，从可而对车身进行局部的拉校。

导向轮是一个可灵活安装的定滑轮，主要有导向架、链轮、固定销以及斜铁、垫板等组成。它用于改变主链拉力的方向以适应各种不同位置和方向的拉伸校正要求。使用时，可根据拉伸的要求，通过导向轮固定销、垫板和斜铁安装在平台上任何一个方孔处，并将主链穿过导向轮后拉动车身。

⑧ 测量系统

测量系统是整个车身修复过程中不可或缺的设备,如图 17-12 所示。测量系统在项目五车身测量中已介绍过,这里不再叙述。

车身进行校正之前,应对车身变形量进行认真的检测。检测的依据是标准车身数据,检测的工具是卷尺和车身测量系统。

检测车身时,不仅要检测明显变形部位的变形量,还要对车身各主要定位基准进行检测,因为在汽车发生碰撞时,强大的碰撞力会在车身内部进行传播,有可能使远离碰撞的部位也发生变形。

图 17-12　测量系统

(四)传统台架式校正设备使用注意事项

(1)传统式校正平台升降时,设备及附件上严禁站人,更不允许人员进入平台下部。操纵平台下降时,应认真操作使平台缓缓落下,切不可过快下落。车辆上下平台时必须有人在旁边指挥,车辆应停靠在平台指定位置。

(2)起降平台时,塔柱应固定在平台一端,防止滑动。车辆在平台上要拉紧驻车制动,轮胎前后用三角木块垫好。

(3)在定位和夹紧损伤车辆时,应选择尽量多的紧固位置,使紧固位置尽量分散,以最大限度地分散车身上的作用力,防止因校正而使车身未损坏部分发生变形。

(4)施力校正前,必须仔细检查主链、拉伸工具和车身等受力部件是否连接牢固。

(5)校正过程中,主链和拉伸工具的受力方向及其延长线 10m 内严禁人员进入,操作人员应位于主链与拉伸工具的受力方向及其延长线两侧 1m 之外。

二　任务实施

❶ 准备工作

(1)轻微损伤车辆 1 辆。

(2)车身校正设备(奔腾传统台架式校正仪)1 套。

(3)整形设备(介子机)1 套(介子片(圆垫圈)、拉伸杆等)。

(4)钣金修复锤 1 把。

❷ 技术要求与注意事项

(1)作业前检查设备及清理场地,场地周边不能堆放杂物,整理油、气管路,防止操作时挤压管路。

(2)根据车辆损伤程度,选择不同的车身固定方法,本文描述为轻微损伤车辆的车身校正,固定方式可采用车身自重固定,对于车身必须使用主夹具固定。

(3) 拉伸操作前，检查链条、钣金工具、拉环是否完整、没有破损、裂口、大划伤方可使用。

(4) 拉伸时，相关人员不要与链条受力方向在同一条直线上，需站与受力方向的侧面至少1m远的距离进行操作。

(5) 校正、整形后的质量需符合相应的维修手册整形标准，一般允许误差在±3mm范围。

❸ 实训器材

棉丝手套	护目镜	工作帽	钣金锤	圆盘式打磨机
外形修复机	平台式校正仪			

❹ 操作步骤

一、漆面打磨	
1. 损伤分析 提示： (1) 使用损伤判断的三种方法，对损伤区域进行分析判断，确定损伤的范围及类型； (2) 损伤判断有目测法、手摸法、测量法。确定损伤后，根据损伤程度制定维修方案	
2. 旧漆面打磨 提示： (1) 利用打磨设备，将损伤区域旧漆磨研磨至裸金属； (2) 研磨时，注意先将研磨设备放于金属板面，再按动启动开关； (3) 研磨设备与板件的夹角应保持5°~10°； (4) 选用的砂纸为60~80目	
二、介子片焊接及拉伸前准备	
1. 介子片焊接 提示： (1) 外形修复设备的使用不作说明，具体参照门板修复任务； (2) 各介子片之间应保持相应的间距要求，一般间距控制在10~20mm； (3) 介子片焊接要求与板面垂直	

续上表

二、介子片焊接及拉伸前准备	
2.拉伸前准备 提示： 利用拉伸杆将自制拉伸环与介子片相连	
三、传统台架式校正设备使用	
1.移动传统台架式校正设备塔柱 提示： 使用推的方式将塔柱移动至所需要校正作业的区域,塔柱要与车身损伤区域相交成垂直角度	
2.固定拉伸塔柱 提示： (1)利用塔柱固定螺栓,将塔柱固定于需作业的损伤区域范围内； (2)固定螺栓共两个,均需固定牢固； (3)特别注意拧紧固定螺栓时,采用拉的方式进行锁止,塔柱与平台不能有间隙,防止拉伸作业时,塔柱受冲击力	
3.调整导向轮高度 提示： (1)松开导向轮锁止螺栓,调整导向轮高度； (2)导向轮的高度应与损伤作业平面成垂直角度,调整完毕后,锁紧导向轮调节螺栓	
4.拉伸链调整 提示： 检查并调整链条是否有扭曲、打结等现象,如有扭曲或打结等现象,应松开导向轮锁止螺栓进行调节,使所有的链节全部处于同一平面	

续上表

三、传统台架式校正设备使用	
5. 选择液压泵状态 提示： （1）传统台架式校正设备液压举升状态有两种，一种为平台升降（损伤车辆上下平台时使用），一种为拉伸塔柱（损伤车辆校正时使用）； （2）将传统台架式校正设备液压缸置于塔柱拉伸状态	
6. 检查拉伸链条是否处于锁紧槽内 提示： 拉伸链条拉伸前应处于链条锁紧槽内，如不处于锁紧槽内，应调整。防止拉伸过程中脱落，造成重大安全事故	
7. 旋动塔柱液压缸阀门至"ON"位置 提示： 塔柱液压缸为开关控制阀形式，拉伸时应将阀门处于"ON"位置，校正完成后，待塔柱液压顶杆复位后，再将阀门旋至"OFF"位置	
8. 拉伸校正作业 提示： （1）校正作业时，注意时刻观察拉伸量，不能拉伸过度，对车身造成二次损伤； （2）拉伸到一定位置后，使用钣金锤敲击受损区域，使受损区域应力集中点的应力分散，提高板件修复效率	
9. 拆卸介子片 提示： 拉伸校正作业完毕后，扭转介子片，将介子片从车身受损区域处拆卸	

续上表

四、7S 整理	
7S 整理 提示： 按照7S管理标准,整理操作工位及场地	

三 评价与反馈

❶ 自我评价

(1)通过本任务的学习你是否已经掌握以下内容：

①平台式校正系统由哪些设备组成？

_____

②平台式校正系统是如何使用的？

_____

③平台式校正系统的操作流程？

_____

(2)实训过程完成情况如何？

_____

(3)通过本任务的学习,你认为自己的知识和技能还有哪些欠缺？

_____

签名：_____   _____年___月___日

❷ 小组评价

序号	评价项目	评价情况
1	着装是否符合要求	
2	是否能合理规范地使用仪器和设备	
3	是否按照安全和规范的流程操作	
4	是否遵守学习、实训场地的规章制度	
5	是否能保持学习、实训场地整洁	
6	团结协作情况	

参与评价的同学签名：_____   _____年___月___日

❸ 教师评价

_____

_____

教师签名：_____　　　_____年___月___日

四 技能考核标准

传统台架式校正系统知识考核表 满分100分　考核时间为30min					
序号	项目	操作内容	规定分	得分
一	安全防护	操作时不戴手套	3	
		操作时不戴护目镜（戴眼镜不扣）	3	
		操作时不戴安全帽	3	
		操作时不穿安全鞋	3	
二	工具使用规范	未正确使用打磨机	5	
		未正确使用钣金锤	5	
		未正确使用外形修复机	5	
三	传统台架式校正系统使用	未采用正确方法移动拉塔	5	
		拉伸前未正确固定拉塔	5	
		拉伸前未正确调整链条高度	5	
		拉伸前未正确调整链节平行度	5	
		拉伸前未正确使用拉钩固定	5	
		拉伸时未正确判断拉伸力度	5	
四	质量控制	修复部位形状低于板面高度≥1mm一处扣4分（长度≤5mm为一处）	35（扣完为止）	
		修复部位形状高于板面高度一处扣8分（长度≤5mm为一处）		
		修复后，原折痕位置有明显痕迹一处扣1分，（长度≤5mm为一处）		
五	车间7S管理	是否大声吵闹	2	
		是否乱扔垃圾	2	
		是否安7S标准整理工位及场地	4	
	总分		100	
教师签名：				

项目六 车身校正

学习任务 18 模具式台架校正

 学习目标

★ **知识目标**
1. 了解模具式校正设备是如何装配和使用;
2. 了解模具式校正设备的特点及工作原理;
3. 掌握模具式校正设备的使用注意事项;
4. 了解模具式校正设备的组成。

★ **技能目标**
1. 掌握模具式校正设备操作及安全事项;
2. 掌握传统台架校正设备的操作方法。

⌚ **建议课时**

6课时。

 任务描述

车辆行驶过程中前部发生碰撞,经拆检,未发现变形。上校正平台模具安装后,前纵梁发生轻微变形,利用模具式台架校正设备进行前纵梁的校正作业。

一 理论知识准备

模具式台架校正设备,如图18-1所示,在欧洲广泛地被应用,这种校正设备的设计原理与车身制造原理相符。根据车身主要控制点的尺寸制造了专用或通用的定位器(定位夹具或专用量头),应用定位夹具可以快速且有效地把车身变形点校正到标准尺寸位置,达到预想的修复目的。

车身校正作业修理中,使用这种校正设备必须配备整套专用或通用的定位夹具,维修人员只要把注意力集中在车身的定位点(孔)等重要车身定位数据点,观察未拉伸校正状态下专用或通用的定位夹具是否能顺利通过各定位点(孔),还

图18-1 模具式台架校正设备

213

是最终通过校正拉伸后能顺利通过各定位点(孔),而不用去考虑具体的尺寸的变化是多少。

(一)模具式台架校正设备的工作原理

模具式台架校正设备和传统式车身校正平台的工作原理既有相似,也有区别。相似点是车身零部件的安装基础都是建立在汽车制造整车出厂时就有独立的三维空间坐标,碰撞发生后,需根据汽车制造厂商设计图,模拟三维空间坐标。不同点是传统式车身校正平台没有专用的定位夹具,车身维修作业过程中,需另外加装相应的测量设备。而模具式台架校正设备自身就配备有测量系统,安装定位夹具的作业就是模拟车身三维空间坐标的过程,如图18-2所示。

图18-2 工作原理

(二)模具式台架校正设备的构造组成及特点

模具式台架校正设备是应用广泛的一种车身校正系统,拥有通用或专用的定位夹具、固定夹具。同时也和其他车身校正设备一样,拥有各数不等的拉伸系统,在对事故车辆维修作业中能进行360°的全方位拉伸,保证全车的测量维修准确无误,如图18-3所示。

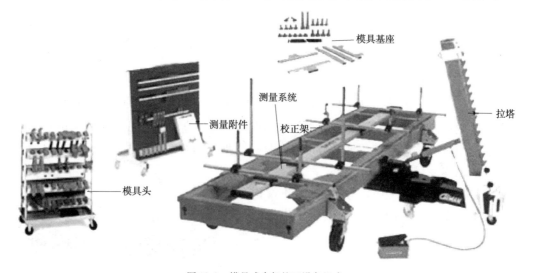

图18-3 模具式台架校正设备组成

这种校正系统最大的优点和缺点都是专用性。车辆的多样性，导致车身形式不断变化，那么所配备的专用定位夹具要随之增加，维修的成本也随之增高。目前越来越多的维修厂开始应用通用型模具式车身校正设备。

模具式台架校正系统主要的特点：

(1) 具有供车辆固定的专用平台式校正架。车辆固定后无须再次调整水平，台架的工作面即为标准水平面。

(2) 配备可以围绕的工作台进行360°位置安装的拉塔，能实现对车辆全方位的拉伸。

(3) 配有专门用于车身固定和拉伸使用的夹持模具，车身固定工作简单，拉伸容易实现。

(4) 通常配有与工作台相配合使用的测量系统，可以快速、方便、准确的测量车身形变，对校正操作做出指导，并使校正的精度大大提高。

(三) 模具式台架校正设备

1 校正平台

模具式台架校正平台是以框架式为主要结构，整个校正平台为铸造而成，校正平台表面在制造过程中就已做好定盘加工，模具基座、模具头、测量系统及塔柱拉伸系统根据校正作业时的不同需求，可适时、适量的在校正平台上进行操作，为高精密度的维修作业提供了可靠保证，如图18-4所示。

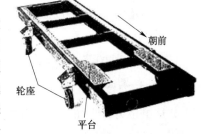

同时，模具式台架校正设备也具备了下列特殊设计，校正平台台面铸造了可供模具基座、测量系统等固定的螺栓孔孔洞，每个螺栓孔孔洞之间相隔一定的距离，并标有刻度显示。根据不同车型的相应数据图，选择相应的模具基座及尺寸，并按照碰撞位置的不同选择架设不同用途的模具基座。校正平台底部装有4个大型轮座组，可随时移动整体校正平台。

图18-4 模具式台架校正平台

模具式校正平台和传统式校正平台相似，也有三种形式：有固定式、倾斜式和垂直升降式，见图18-5。但模具式校正平台也和传统式校正平台有不同之处，由于模具式校正设备的特殊性，校正平台没有可供车辆行驶的平面，故上下车辆时需提前铺设行车钢板。

a) 固定式　　　　b) 倾斜式　　　　c) 垂直升降式

图18-5 模具式校正平台形式

固定式校正平台不能升降，它利用前后二副固定支腿立于地面之上。上车方式需借助相应的举升设备，如双柱式举升机。

倾斜式校正平台可以单边着地，以利于汽车的上下。它的下部一侧装有固定支腿，另一侧装有活动支腿和升降装置。它可以通过液压系统的操纵实现校正平台的单边着地与起升,以方便损伤车辆上下平台。

垂直升降式校正平台可以双边着地,利用上车系统牵引损伤车辆上下校正平台。也可以通过液压系统的操纵实现整体校正平台的升降,根据具体修理部位的不同,方便维修人员作业。

❷ 上车系统

上车系统是指把碰撞受损车辆通过该系统牵引并放置在校正平台之上,一般上车系统包括上车踏板、拖车器(滑板)、拉车器(牵引器)等,如图18-6所示。

a)拉车器(牵引器)

b)分离式上车踏板

c)活动式滑车(拖车器)

图18-6　上车系统部件

由于模具式校正设备的特殊结构设计,在对受损车辆进行校正作业中,校正平台上需安装模具基座、模具头等校正部件,所以和其他的校正设备相比,其上车系统又有独特之处。而独特之处在于上车踏板部件,模具式校正设备的上车踏板为分离式,即上车完成受损车辆固定后,踏板可以撤除。

❸ 升降系统

模具校正设备的校正平台有三种形式,在上面的校正平台中已介绍,这里不再叙述。

❹ 拉力臂组(拉塔)

这组拉力臂组和校正平台是分离式的,可随着校正作业的需要,任意架设于校正平台的四周,进行拉拔作业。拉力臂组由拉臂、液压油缸、基座、连接装置、水平横杆、操控把手等组成,如图18-7所示。

车辆碰撞损伤的位置千变万化,拉伸作业的方向、位置也随之改变,拉力臂组根据不同的作业需求,改变拉臂和水平横杆位置,以达到校正要求。

拉臂位置的改变,作业人员只须一手握住拉臂,另一手拉起操控把手下的拉臂倾斜系统锁定解除杆,即可变换拉臂的角度(可供变换角度约为100°)。

拉臂基座位置的改变,作业人员只要敲击并拔出楔子,移动拉力臂的水平横杆,就可根据作业的需求,进行多角度的拉拔作业(可供变换的定位角度约为90°)。这里需特别注意的是,水平横杆的定位,若在方向已变化的状态下,进行与

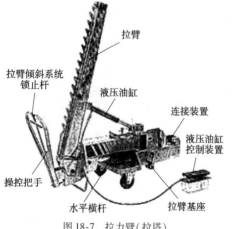
图18-7　拉力臂(拉塔)

校正平台嵌合或分离的工作是非常危险的。因此,水平横杆必须回复到正常的定位,并插紧楔子,才可进行拉力臂的嵌合或分离作业。

⑤ 拉拔工具

由于拉臂的拉伸范围有限,模具式校正设备配备了各种修复拉拔工具,可与模具式校正设备的专用拉力臂配合使用。例如,液压油缸及加长杆工具组及多功能支撑座等,如图18-8所示。

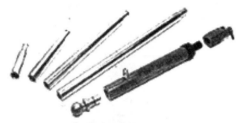
a)液压油缸及加长杆工具组

b)多功能支撑座

图18-8 拉拔工具

利用多功能支撑座,可将拉力臂非常牢固的锁定在校正台的四周进行校正、推拉作业。液压油缸及加长杆工具组配合多功能支撑座,还可进行多向、多角度的拉拔作业。拉拔工具也可和模具式校正设备的专用拉力臂组组合,装配液压油缸及加长杆工具组,组合接杆式液压油组进行校正推拉作业,如图18-9所示。

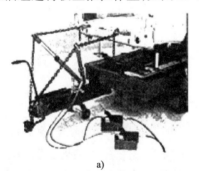
a)

b)

图18-9 拉拔工具使用图

⑥ 模具系统

模具式校正设备的核心就是模具系统,以使力得专用定位模具为举例,模具系统包括校正平台模具基座、模具头基座和模具头,如图18-10所示。

a)校正台模具基座

b)模具头基座

c)模具头

图18-10 模具系统

设备生产厂商根据汽车制造厂商提供的车辆设计数据图，为每一款车型均设计制造了其专用的模具系统。原厂提供的各种车型专用的模具头，除了可固定车体松懈的部位，同时还可兼做测试与修护的用途。能呈现整个车体各部分的几何空间关系，在校正作业过程中消除人为的推测与错误。在更换模具头件时，须确认其正确装置的位置，每一个模具基座亦具备固定机能的特性，且每一个模具头，均有不同的模具编号，选用时只需参考修理手册提供的原始图纸即可。

定位模具是在汽车底盘维修过程中确定底盘各重要装配点、工艺点位置关系的三维测量定位系统。模具系统可分为专用定位模具和通用定位模具，如图18-11所示。

a)使力得专用定位模具　　　　b)史宾尼斯通用定位模具

图18-11　专用模具与通用模具

通用定位模具是采用通用化设计，适合于各种车型的定位模具。通用定位模具还采用了模块化设计，通过模块组合实现对车身底盘的测量、定位及校正，可以满足任何一种车型的需要，与专用定位模具相比，成本较低。

专用定位模具是使用汽车制造厂商的车辆设计蓝图制造的，与原厂生产线保持100%的精准度，所以能保证车身校正修理的质量与精确度，但每种车型都需配备相应的模具，成本较高。

7 辅助拉伸工具

辅助拉伸工具的主要作用是校正系统在工作时起辅助作用并扩大校正系统的功能，它对于校正系统的正常工作是必不可少的。校正系统的附件主要包括主链、副链、捆链、大梁拉钩、5t夹钳、3t夹钳、鸭嘴夹钳、减振器拉座、拖拉板、大拉板和小拉板等，如图18-12所示。

图18-12　辅助拉伸工具

下面以使力得校正系统的辅助工具为例进行介绍。

拉伸主链和副链的作用在于固定损伤车辆，当修理某些需要较大的拉力才能校正的车辆时，就需要用到此辅件。

多功能布拉条组每组两条长度分别为 0.75m 及 1.5m，用于拉拔车门中柱等，不会伤害到车身，具有保护的作用。

减振器校正拉伸工具与专用拉伸盘，在校正减振器座时，为了不使减振器的内圆变形，可将该车型专用的减振器座校正拉伸盘安装在内圆上，再利用减振器专用的拉伸工具修复（各车型的减振器座校正拉伸盘，均不相同）。

（四）模具式校正设备使用注意项

（1）校正平台表面及螺栓孔应保持清洁，并定期擦拭和加注润滑油，确保校正平台表面无灰尘、杂物等积留，防止表面生锈。配备有固定系统的轮座，也需定期检查、润滑保证其功能，必要时要加以调整。

（2）固定横梁的螺母、螺栓，用以装配模具基座的螺栓，均需定期检查功效，并擦拭、涂抹润滑油，防止生锈。如需要更换模具基座的螺栓，只要抽取基座上的活动楔子，即可轻易地将其抽出更换。

（3）模具基座的连接口要经常擦拭润滑，同时要保持清洁。若模具头在工作时，不慎掉落或遭受碰撞等造成瑕疵或隆起，必须将其修平，使模具头仍能顺利的与模具基座内圆孔配装。

（3）模具头的底部，均刻有该编号，是为了便于辨认安装位置及管理之用，在使用时请勿磨损。

（4）使用专用拉力臂组时，要精确的装配在校正平台上。同时，要检测其是否牢固，在查看无误后，才可以开始作业。不要在容许的力度和位置范围外，使用超强的力量实施拉拔作业。

（5）在使用链条进行拉拔作业时，若链条有扭转的现象，易造成断裂，并且会缩短拉力臂的使用寿命，同时危及人员的安全，要避免扭转使用。链条在长期使用后，大多会呈现松弛磨损的现象，当使用功能及作业安全受到影响时应更换。

（6）使用校正系统的辅助工具时，应注意夹具的齿牙是否完整，连接是否牢固等。若有松动等现象，要立刻更换以确保作业的安全。当夹具在拉拔作业时，不慎被车身胶或防撞漆等黏连，会影响拉拔工作，并且容易造成安全事故。因此，平时应做好清洁与保养工作。

二 任务实施

1 准备工作

（1）轻微损伤车辆 1 辆。
（2）车身校正设备（史利得模具式校正仪）1 套，此设备为固定式的校正平台。
（3）拉拔工具 1 套。
（4）钣金修复锤 1 把。

2 技术要求与注意事项

（1）作业前检查设备及清理场地，场地周边不能堆放杂物，整理油、气管路，防止操作时挤压管路。

（2）根据车辆损伤程度，选择不同的车身固定方法，本文描述为轻微损伤车辆的车身校正，固定方式可采用车身自重固定。

（3）拉伸操作前，检查链条、钣金工具、拉环是否完整，没有破损、裂口、大划伤方可使用。

（4）拉伸时，相关人员不要与链条受力方向在同一条直线上，必须站在受力方向的侧面至少1m远的距离进行操作。

（5）校正、整形后的质量需符合相应的维修手册整形标准，一般允许误差在±3mm范围。

❸ 实训器材

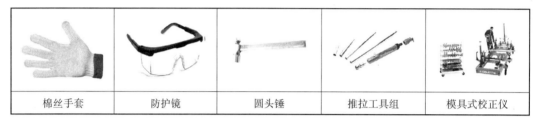

| 棉丝手套 | 防护镜 | 圆头锤 | 推拉工具组 | 模具式校正仪 |

❹ 操作步骤

一、上架前准备作业	
1. 受损车辆上架前准备 提示： （1）通过测量数据，确定受损部位，查阅维修手册并制定维修方案； （2）上架前应将阻碍校正作业的部件全部拆除，将需校正作业的部件裸露出来	
2. 受损车辆置于双柱式举升架上 提示： （1）车辆上架前准备完毕后，将受损车辆置于双柱式举升机上，等待摆放于模具式校正设备之上； （2）车辆置于双柱式举机设备时，要严格按照举升机操作相关的规定	
二、模具式校正设备准备作业	
1. 校正平台模具基座的图纸查询 提示： （1）按照受损车辆的品牌、车型，从数据库中查找出相应的模具基座安装图纸； （2）图纸中标注内容：品牌、车型、有无悬架安装、模具基座安装位置、车头朝向、安装点固定夹具楔子插入位置等信息	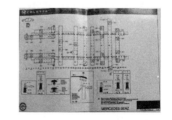

续上表

二、模具式校正设备准备作业	
2.校正平台模具基座安装 提示： 根据图纸所提供的相关信息，将模具基座摆放到相应的校正平台位置之上，并使用制造厂商所提供的螺栓固定于校正平台之上，并施加规定的扭矩	
3.模具头基座的图纸查询 提示： (1)按照受损车辆的品牌、车型，从数据库中查找出相应的模具头基座安装图纸； (2)图纸中标注内容：品牌、车型、有无悬架安装、模具头基座安装位置、车头朝向、安装点固定夹具楔子插入位置、选用模具头等信息	
4.模具头基座安装 提示： 根据图纸所提供的相关信息，将模具头基座摆放到相应的校正平台模具基座位置之上，并使用制造厂商所提供的螺栓固定于校正平台模具基座之上，并施加规定的扭矩。每个模具基座都有相应的编号	
5.选择模具头 提示： 每个模具头都有相应的编号	
6.安装模具头 提示： 根据图纸所提供的相关信息，将模具头摆放到相应的模具基座之上，并按图纸信息用楔子插入相应的孔洞内	

续上表

三、受损车辆上架作业	
1. 移动模具式校正设备 提示： （1）将摆放、安装好的模具式校正设备推到受损车辆下方； （2）受损车辆的辅件拆装及放置于双柱式举升机的具体操作不作进一步说明，参照辅件拆装及二级维护使用作业相应项目	
2. 受损车辆与模具式校正设备对接 提示： 双柱式举升机慢慢放下受损车辆，与校正平台接近时，观察受损车辆与校正平台模具头的对准情况，并指挥操控举升机的人员升降动作	
3. 检查受损车辆与模具头的对接位置 提示： 受损车辆与模具头对接完成后，检查所有的模具头与车辆的对接情况，特别注意车辆前、后大梁末端的两对基准孔定位夹具，其对接位置是否对正	
4. 损伤范围确认 提示： 观察模具头与受损车辆的对正情况，如模具头不能与受损车辆正常对接，可判断该点的车身受损，需要校正	
5. 辅助支撑固定夹具的安装 提示： （1）通过损伤范围的确认后，如需要拉伸校正作业，应安装辅助支撑固定夹具； （2）辅助支撑固定夹具的作用为，拉伸校正时，能提供足够的支撑力，避免拉伸校正过程中，受损车辆因拉伸力过大而产生位移	

续上表

三、受损车辆上架作业	
6. 安装模具头与受损车辆的连接螺栓 提示： 模具头对正的安装点位置，旋入专用的连接螺栓，并施加规定的扭矩	
四、受损车辆校正作业	
1. 车辆受损点高度方向校正（右侧梁） 提示： （1）使用组合接杆式校正设备，对受损点进行高度校正（此车辆车身的长度方向未受损变形）； （2）车身校正的顺序为先进行长度方向，再进行宽度方向，最后为高度方向	
2. 车辆受损点高度方向校正（左侧梁）	
3. 移动拉力臂组 提示： 宽度方向的校正变形较严重，需要较大的拉伸力，将拉力臂组推到模具式校正平台四周，并连接拉力臂组	
4. 拉力臂组支撑板固定 提示： 拉力臂组连接部位扣入模具式校正设备平台后，将支撑板推向平台	
5. 楔子安装 提示： 手锤敲击楔子，使拉力臂组支撑板与校正平台边缘固定牢固	

续上表

四、受损车辆校正作业	
6. 车辆受损点宽度方向校正 提示： （1）多功能拉伸布条、拉伸主链的连接，连接时注意链条不能扭曲； （2）控制液压油泵开关进行宽度方向的拉伸校正作业，拉伸过程中，观察受损点的校正情况，防止拉伸过度，反方向二次变形	
7. 应力放松作业 提示： 拉伸状态下，使用手锤敲击受损点根部，放松拉伸点应力。拉伸力卸除后，可有效地消除受损点的应力	
8. 受损点拉伸后检查 提示： （1）拉伸力卸除后，检查受损点的螺栓安装位置，如螺栓能顺序旋入安装点位置，则说明校正完成。不能顺序旋入安装点位置，则需继续校正； （2）除了检查模具头的螺栓旋入情况外，还需检查模具头与模具基座的楔子插入情况，正常的状态为楔子可轻松转动。反之，则说明受损点未校正到位	
9. 整理工位 提示： 清洁整理工位，按7S标准	

三 评价与反馈

❶ 自我评价

（1）通过本任务的学习你是否已经掌握以下内容：
①模具式校正系统由哪些设备组成？

②模具式校正系统是如何使用的？

③使用模具式校正系统校正前纵梁变形的操作流程?

_____

(2)实训过程完成情况如何?

_____

(3)通过本任务的学习,你认为自己的知识和技能还有哪些欠缺?

_____

签名:_____   _____年___月___日

❷ 小组评价

序号	评价项目	评价情况
1	着装是否符合要求	
2	是否能合理规范地使用仪器和设备	
3	是否按照安全和规范的流程操作	
4	是否遵守学习、实训场地的规章制度	
5	是否能保持学习、实训场地整洁	
6	团结协作情况	

参与评价的同学签名:_____   _____年___月___日

❸ 教师评价

_____

_____

教师签名:_____   _____年___月___日

四 技能考核标准

模具式校正系统知识考核表 满分100分　考核时间为30min			
序号	项目	操作内容	规定分	得分
一	安全防护	操作时不戴手套	3	
		操作时不戴护目镜(戴眼镜不扣)	3	
		操作时不戴安全帽	3	
		操作时不穿安全鞋	3	
二	工具使用规范	未正确使用推拉工具组	5	
		未正确使用钣金锤	5	
		未正确使用举升机设备	5	

续上表

序号	项目	操作内容	规定分	得分
三	传统台架式校正系统使用	未采用正确方法移动拉塔	5	
		拉伸前未正确固定拉塔	5	
		拉伸前未正确调整链条高度	5	
		拉伸前未正确调整链节平行度	5	
		拉伸前未正确使用拉钩固定	5	
		拉伸时未正确判断拉伸力度	5	
四	质量控制	修复后未进行模具检测孔检测一处扣4分（每次累积扣分）	35（扣完为止）	
		修复时未进行应力放松敲击，不得此项分		
		不能修复到位的，不得此项分		
五	车间7S管理	是否大声吵闹	2	
		是否乱扔垃圾	2	
		是否安7S标准整理工位及场地	4	
	总分		100	
教师签名：				

学习任务 19　前纵梁校正

学习目标

知识目标

1. 了解前纵梁的结构、作用与校正的必要性；
2. 了解前纵梁的校正操作流程；
3. 了解校正测量的重要性。

技能目标

1. 掌握前纵梁的校正原理与校正方法；
2. 掌握传统台架校正设备的操作方法及安全注意事项。

建议课时

6课时。

任务描述

随着车辆增多,事故也随之增加,汽车维修企业里事故车修复的工作越来越多,轻微事故只需要简单的钣金整形,然后涂装就好了。但是如果是严重的事故,纵梁会变形,这时需要比较复杂的校正或更换。纵梁的校正涉及固定、辅助支撑、测量和拉伸,涉及知识面广,工作量大,本节任务重点对前纵梁受损弯曲变形的事故车修复进行说明,测量之前的相关零件拆装等不做具体描述。

一 理论知识准备

纵梁总成是轿车重要的部件之一,特别是整体式车身,也是轿车车身的结构件。在轿车车身设计中,往往通过纵梁总成的形状、结构和材料等的变化,以达到吸收能量、提高轿车正面撞击的要求,也是重要的安全性部件之一。近年来,轿车纵梁总成朝着强度高,质量轻的方向发展。

1 纵梁总成的结构

轿车纵梁总成其主要构成为纵梁内板、纵梁外板、纵梁支架、纵梁后板、纵梁后部盖板、轮罩支撑板、轮罩加强板等,如图19-1所示。

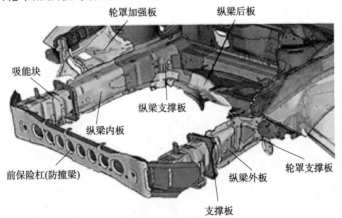

图 19-1　纵梁总成的组成

纵梁总成的主要零件均为冲压成型,采用热镀锌低碳合金钢板,板宽为2300mm,厚度为1.6~2.3mm,电阻点焊焊点近200个。

2 纵梁总成的作用

汽车在行驶中,当发生碰撞等事故时,虽然大部分车型都配备了前、后保险杠(防撞梁),但是在发生正面或后面碰撞事故时,真正起吸能作用的还是两条被发动机或行李舱遮盖包裹的前、后纵梁,纵梁通过压溃变形和弯曲变形吸收碰撞能量,其中前纵梁要担负总碰撞能量的60%左右,如图19-2所示。

后纵梁承担的吸能压力,与前纵梁相比相对较小,但是仍然是在追尾事故中吸收能量的主力。纵梁构件的设计思路是尽其可能地沿着轴向压溃变形,控制弯曲变形量,从而获得最佳的能量吸收效果。

❸ 纵梁总成的校正

纵梁是车身的重要组成部分,校正的意义即为车身校正的意义,是为了精确地恢复车身的尺寸、状态以及车辆的各种使用性能。主要包括:功能性的恢复(机械性能、行驶性能和操控性能);强度、刚度值的恢复;防锈性能的恢复;美观性的恢复等,如图19-3所示。

图19-2 车辆碰撞能量吸收

图19-3 利用校正设备使受损车辆恢复各种使用性能

前部产生重度损伤会使车辆底盘严重变形,撞击力会沿着力的传递路径进行扩散,将会导致车辆前桥和前纵梁后部产生变形。而在正常情况下,前纵梁后部安装前桥的4个安装孔洞应当拉伸到位,而车辆前桥的安装孔长度、宽度以及对角线误差应低于3mm。如果不符合以上要求,车辆在行驶过程中将会产生跑偏。

❹ 校正操作流程

车辆碰撞会导致车身整体发生变形,而在前纵梁重度损伤的修复和更换过程中,要首先对整个车身中部(驾驶舱)进行各种变形损伤校正,然后再遵循以下方式对前纵梁、减振器支座等部件进行校正和更换。具体操作步骤如下。

确定损伤范围,制定维修方案→粗拉伸→从里往外修、中间往两边修→从下往上修→先修结构件,再修覆盖件→先进的后出,后进的先出→先长度,再宽度,后高度→与碰撞力相反的方向进行拉伸→拉伸时,确定拉伸的方向、角度;拉塔上拉链固定的高度;拉伸时拉力的大小→多点拉伸→辅助固定防止二次损伤→拉伸保持平衡,再拉伸再保持平衡,循环往复→边拉边敲,释放应力→要进行拉伸中的测量,预估弹性回弹,防止拉伸过度。

❺ 校正时的测量和拉伸

首先对碰撞部位进行简单的大致修整,有些部件碰撞中变形严重,这些部件可能不需要进行校正直接更换就行了。但这需要大致整形后来确定连接部件的损伤情况,确定哪些部件需要校正恢复形状,哪些部件必须更换。按照测量系统的使用方法来对车身进行整车检查(严重碰撞的车身),对变形部件进行测量,还需要知道受损板件变形的方向和大小。然后根据测量的结果来对损坏的部位进行拉伸校正。

拉伸指的是用液压矫正设备将损伤的金属件拉回原来的形状。开动液压系统链条就会慢慢地将损伤部位拉正,如图 19-4 所示。

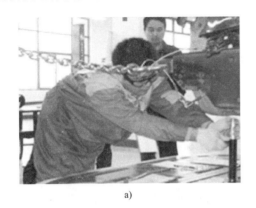 

a)　　　　　　　　　　　　　　　　　　b)

图 19-4　校正时的测量与拉伸

6 校正时的应力消除

用一段型钢或木块以及铁锤,可以消除大量应力。大多数应力消除是"冷作用",不需要很多热量,假如需要加热,也要小心加热,并加以控制。对车身上的高强度钢板上的应力不能用加热的方式来消除应力。

加热通常会产生某种程度的氧化或一定量的氧化皮,也会产生脱碳作用。氧化皮影响和损坏金属的表面粗糙度,脱碳作用引起表面软化,严重影响疲劳寿命。氧化皮的量很大程度上取决于加热的时间和温度。加热件背面氧化皮的厚度总是比暴露于火焰的正面要厚一些。火焰层直接接触表面由于有燃烧气体保护,不致氧化,但背面一旦达到适当的温度,就会氧化。同一部位每次重新加热,都会产生更多的氧化皮。校正时的应力消除如图 19-5 所示。

a)冷作消除应力　　　　　　　　　　　　　b)加热消除应力

图 19-5　校正时的应力消除

如果损坏部分需要加热,必须严格遵守汽车生产厂家维修手册上的建议。例如,在整体式车身梁上加热时,应仅在梁的角上加热。加热后不能用水或压缩空气冷却加热区,必须让它自然冷却。快速冷却会使金属变硬,甚至变脆。监视加热的最好办法是用热蜡笔或热敏涂料。用热蜡笔标记冷件,当达到一定的温度时,热蜡笔记号就会溶解。热蜡笔相当准确,比维修人员用眼观察颜色变化确定温度的技术精确得多,用热蜡笔的测温误差仅为±1%。

7 拉伸操作中的安全注意事项

(1)根据设备说明书,正确使用车身校正设备。
(2)严禁非熟练人员或未经正式训练人员操作设备。
(3)确保车辆被牢靠地固定在平台上。
(4)要用推荐型号与级别的拉伸链条和钣金工具进行操作。
(5)拉伸时钣金工具要在车身上固定牢靠,链条必须稳固地与汽车和平台连接,以防拉伸时脱落,避免链条缠在尖锐器物上。
(6)向一边拉伸力量大时,一定要在相反一侧使用辅助拉伸。
(7)操作人员在汽车上面和下面工作时不要用千斤顶支撑汽车。
(8)严禁操作人员与链条或拉伸夹钳在一条直线上。
(9)用厚防护毯包住链条或用钢丝绳把链条、钣金工具固定在车身牢固部件上。
(10)拉伸时要把塔柱与平台的固定螺栓紧固牢靠。
(11)塔柱使用链条进行拉伸时,链条在顶杆的锁紧窝锁紧,链条不能有扭曲,所有链节都呈一条直线。

二 任务实施

1 准备工作

(1)前纵梁损伤车身1台。
(2)车身校正设备(平台式校正)1套,此设备以奔腾B2E校正平台为例。
(3)此项目以全国中等职业学校汽车运用与维修专业钣金项目中的电子测量与拉伸校正为例。

2 技术要求与注意事项

(1)作业前检查设备及清理场地,场地周边不能堆放杂物,整理油、气管路,防止操作时挤压管路。
(2)根据车辆损伤程度,选择不同的车身固定方法,本文描述为轻微损伤车辆的车身校正,固定方式可采用车身自重固定。
(3)拉伸操作前,检查链条、钣金工具、拉环是否完整,没有破损、裂口、大划伤方可使用。
(4)拉伸时,相关人员不要与链条受力方向在同一条直线上,需要站与受力方向的侧面至少1m远的距离进行操作。
(5)校正、整形后的质量需符合相应的维修手册整形标准,一般允许误差在±3mm范围。

❸ 实训器材

棉丝手套	防护镜	安全帽	超声波电子测量	奔腾校正平台

❹ 操作步骤

一、作业前准备	
1. 防护用品检查 提示： 目视检查所有防护用品是否齐全，并试戴安全帽，调整安全帽锁扣长度	
2. 设备检查 提示： 环视测量、拉伸设备摆放位置，并检查设备有无损坏	
3. 受损车辆检查 提示： 观察受损车辆变形情况，初步判断变形受损量及拉伸方向	
二、维修人员安全防护	
穿戴安全防护用品 提示： 作业开始前，维修人员需穿戴好所有的安全防护用品，防止操作中设备出现问题而损伤身体	
三、车身校正前测量作业	
1. 测量系统信息选择 提示： 根据系统提示信息，分别选择语言、维修信息、车型、有无悬架、横梁前后记号信息等的选择，进入测量信息界面	

续上表

三、车身校正前测量作业	
2. 基准点选择 提示： （1）根据系统提示，选择相应的基准点，安装基准点测量头、发射器，并将发射器二端与测量头和横梁相连接，建立基准点； （2）超声波电子测量系统的基准点，一般都为 A 点，是按照字母排列顺序而定的	
3. 参考点选择 提示： （1）根据系统提示，选择相应的参考点，安装参考点测量头、发射器，并将发射器两端与测量头和横梁相连接，建立参考点； （2）超声波电子测量系统的参考点，一般都为 B 点，是按照字母排列顺序而定的	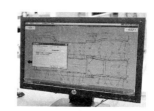
4. 测量点选择 提示： 按照车辆损伤位置选择前、中、后的相应位置选择测量点，确定车辆损伤程度，并记录测量信息	
5. 拉伸点选择 提示： 损伤最严重的位置安装拉伸点，可随时监测拉伸量	
四、车身校正前准备	
1. 推塔柱 提示： （1）松开塔柱固定螺栓，使用推的方式，将塔柱移动至拉伸区域； （2）移动塔柱时，注意发射器的连接线，防止将发射器的连接线夹断	

续上表

四、车身校正前准备	
2. 固定塔柱 提示： 塔柱移动至拉伸区域后，使用塔柱固定螺栓将塔柱固定。拧紧时，注意采用拉的方式，塔柱与校正平台要求完全贴合，不能有松动	
3. 尼龙绳和保险带临时固定 提示： 从辅助工具车上取下尼龙绳和保险带，将其放于受损车辆需校正的纵梁一侧。注意放时要平稳，防止尼龙绳和保险带掉落	
4. 塔柱拉伸链条调整 提示： 维修人员从校正平台一侧站上校正平台，调整塔柱拉伸链条。注意拉伸链条尾端不能超过塔柱的红色标线，调整完毕后，需将链条扣进锁紧装置内	
5. 拉伸链条拉钩连接 提示： 捏住尼龙绳两端，将拉伸链条拉钩扣入尼龙绳环口内，并把安全绳穿过尼龙绳和拉钩，使安全绳与车身、尼龙绳、拉钩三者相连	
6. 快速调整钩调节拉伸链条长度 提示： 利用快速调整钩调节拉伸链条的长度，调节拉伸链条时，拉伸链条的所有链节必须在同一平面上，不能有扭曲打结现象	
7. 压紧拉伸链条 提示： 松开导向环固定螺栓，用力压下导向环，使拉伸链条拉紧，减小塔柱液压缸的行程	

续上表

四、车身校正前准备	
8.打开拉伸界面 提示： 拉伸前测量已确定纵梁的变形方向、变形量,进入拉伸界面,有助于拉伸过程中,边测量边拉伸,控制拉伸量	
五、拉伸作业	
1.纵梁校正 提示： 根据受损纵梁的变形情况,先校正较远的纵梁,再校正较近的纵梁	
2.辅助拉伸 提示： 较远的纵梁校正完毕后,校正较近的纵梁时,需对另一根纵梁做辅助拉伸作业,防止拉伸过度,造成二次损伤	
六、7S整理	
7S整理 提示： 按照7S管理标准,整理操作工位及场地	

三 评价与反馈

1 自我评价

（1）通过本任务的学习你是否已经掌握以下内容：

①纵梁的校正流程是如何的？

②车身校正时,为何要先测量,又为何要边校正边校测量?

③纵梁校正过程有哪些注意事项?

(2)实训过程完成情况如何?

(3)通过本任务的学习,你认为自己的知识和技能还有哪些欠缺?

签名:_____ ____年___月___日

❷ 小组评价

序号	评价项目	评价情况
1	着装是否符合要求	
2	是否能合理规范地使用仪器和设备	
3	是否按照安全和规范的流程操作	
4	是否遵守学习、实训场地的规章制度	
5	是否能保持学习、实训场地整洁	
6	团结协作情况	

参与评价的同学签名:_____ ____年___月___日

❸ 教师评价

教师签名:_____ ____年___月___日

四 技能考核标准

前纵梁校正知识考核表
满分100分　　考核时间为40min

序号	项目	操作内容	规定分	得分
一	安全防护	操作时不戴手套	3	
		操作时不戴护目镜(戴眼镜不扣)	3	
		操作时不戴安全帽	3	
		操作时不穿安全鞋	3	
二	工具使用规范	未正确使用电子测量设备	5	
		未正确使用传统平台式校正设备	5	

续上表

序号	项目	操作内容	规定分	得分
三	传统台架式校正系统使用	未采用正确方法移动拉塔	3	
		拉伸前未正确固定拉塔	3	
		拉伸前未正确调整链条高度	3	
		拉伸前未正确调整链节平行度	3	
		拉伸前未正确使用拉钩固定	3	
		拉伸时未正确判断拉伸力度	3	
四	测量点选择	未正确选择基准点	5	
		未正确选择参考点	5	
		未正确选择测量点	5	
		未正确进入系统界面	5	
		未正确使用发射器	5	
五	测量头选择	基准点测量头选用	3	
		参考点测量头选用	3	
		测量点测量头选用	3	
六	测量质量控制	基准点数值	2	
		参考点数值	2	
		测量点数值(3 对)	6	
七	质量控制	纵梁拉伸后是否在±3mm以内	10	
八	车间7S管理	是否大声吵闹	2	
		是否乱扔垃圾	2	
		是否按7S标准整理工位及场地	2	
	总分		100	

教师签名：

项目七 车身防腐

学习任务 20　钣金表面防腐

学习目标

 知识目标

1. 了解表面腐蚀的成因及原理;
2. 了解车身表面腐蚀防护的必要性和防腐失败的原因;
3. 了解表面防腐蚀材料、车身密封胶(剂)、防锈剂的种类和用途。

 技能目标

1. 掌握表面防腐处理步骤;
2. 掌握外露的外表面和外部附件的防腐处理过程;
3. 掌握车身外表面防腐工艺的制定。

建议课时

3 课时。

任务描述

发生事故后的车辆,钣金件重新修复或者更换新的钣金件后,会产生新的钣金接缝。利用防腐设备,对完成车门外皮更换作业的车门折边区域进行规范防腐作业。

一　理论知识准备

表面防腐是指用各种材料来减慢车身钢质零部件的锈蚀过程。在对碰撞车辆进行修理时,必须采用生产厂家推荐的方法对修理部位进行表面防腐蚀处理,碰撞车辆的表面防腐蚀过程通常需要钣金工人和涂装工人共同完成。

(一)腐蚀

腐蚀(金属的腐蚀称为锈蚀)是金属材料氧化或化学变化的复杂过程,如铁在潮湿地环境下会与空气中的氧发生化学反应,形成红褐色的三氧化二铁,即铁锈,如图20-1所示。

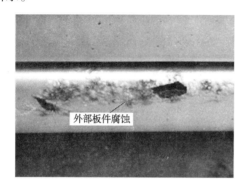

图20-1 车身板件的腐蚀

腐蚀会造成外部钢板锈穿,表面不美观。内部结构性钢板的严重锈蚀会造成强度削弱,严重时可能会导致车身结构性部件出现问题,影响车身的安全性、行驶性等使用性能。腐蚀严重的钢板一般不能进行修复,必须更换。

❶ 腐蚀原理

腐蚀或化学腐蚀的产生由三个因素形成,即:裸露的金属、氧、湿气(电解质)。车身锈蚀原理见图20-2。

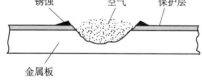

图20-2 车身锈蚀原理图

汽车基材主要是金属铁,在潮湿地环境中很容易与空气中的氧发生化学反应而锈蚀,形成红褐色的三氧化二铁,即铁锈。

车身锈蚀的公式为:铁 + 氧 + 电解质 = 锈蚀(氧化铁)

❷ 锈蚀的原因

汽车外表面锈蚀的主要原因有保护层损伤、脱落、酸雨、鸟粪等,使金属裸露于空气中,未及时进行防腐处理而产生,如图20-3所示。

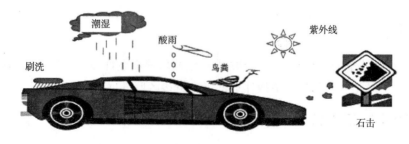

图20-3 表面锈蚀原因

（二）防腐

防腐就使用防腐材料来防止金属零件锈蚀，市场上可以买到各种类型的防腐材料（焊接涂料、密封剂和上胶底涂层等）。在进行修理时，必须恢复所有的防腐层，以保持车辆能够长时间地安全行驶。目前常用的车身修理防腐方法有三种基本类型：镀锌或锌涂层防腐、油漆防腐和防腐蚀化合物防腐。

❶ 镀锌防腐

镀锌就是在钢板表面电镀锌涂层，它是在汽车制造过程中采用的主要防腐方法之一。在镀锌钢板上，锌在钢和大气之间形成天然的屏障。随着锌的氧化，就会在钢板表面上产生一层氧化锌，氧化锌紧密地贴在钢板表面，从而使钢板与空气阻隔开，起到减缓钢板腐蚀的作用。钢板镀锌工艺流程如图20-4所示。

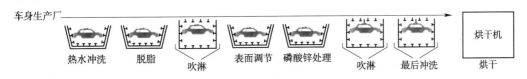

图20-4　钢板镀锌工艺流程

汽车的表面涂层被刮伤或划伤时，镀锌层通过自身表面涂层来保护下面的钢板，氧化锌实际上形成了一个保护层，并修补了钢板的裸露区域。锌起到了双重保护作用：首先是提供化学的镀锌保护，其次在裸露的钢板上形成氧化锌层，起到了修补的作用。

❷ 油漆防腐

油漆可在大气和钢板表面之间形成屏障，阻碍空气中的湿气和杂质不能与钢板的表面相互发生作用，减缓钢板腐蚀过程，如图20-5所示。

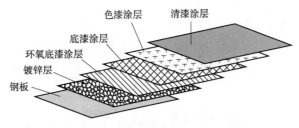

图20-5　油漆防腐

由于钢板的油漆表面被损伤，钢板失去防腐层而裸露时，锈蚀就会在这个区域发生。而且锈蚀会在油漆和钢板的表面之间扩展，大片油漆还会因为锈蚀从钢板上剥落，导致更大面积的严重锈蚀。

❸ 防腐化合物防腐

防腐化合物通常叫防腐胶，在车身维修中常叫作钣金胶，防腐蚀化合物用作油漆膜的附加涂层。最常用的两种防腐蚀涂层类型为：石油基化合物和蜡基化合物。车身制造厂主要用于封闭车身接口及其他容易锈蚀的部位，钣金维修中主要用于内腔防腐、外部焊缝接合处防腐等，美容装饰常用作底盘装甲加厚处理，如图20-6所示。

a) 焊接接合处防腐　　　　b) 内腔防腐　　　　c) 底盘装甲

图 20-6　防腐化合物防腐

(三) 防腐失效的原因

导致防腐失效的原因一般有四种类型：油漆膜失效、碰撞损坏、修理过程和电化学腐蚀。

❶ 油漆膜失效

漆膜包括清漆涂层、色漆涂层、底漆涂层及环氧底漆涂层等，油漆膜失效后，腐蚀就开始发生。一般漆膜损坏的原因有行驶中飞石的破坏、酸雨侵蚀、湿气及不正确的表面预处理都会造成油漆膜失效，如图 20-7 所示。

❷ 碰撞损坏

碰撞时，汽车的保护涂层被损坏。这不仅在直接冲击的部位发生，而且波及间接受损的区域，如焊缝拉开，堵缝松动，油漆裂成碎片等，如图 20-8 所示。车身修理人员要恢复所有碰撞受影响区域的防腐蚀性能。

❸ 修理损伤

汽车修理过程可能会损坏保护涂层。在修理中需要用机械方法或等离子切割车身板件和接缝，在校正拉伸和应力释放的程序中也会损坏这些保护涂层，正常的焊接温度会使锌从焊接部位蒸发，在修理时的研磨也会导致保护涂层损坏，如图 20-9 所示。在所有焊接和修理工作完成后，要采取防腐措施把各个表面完全密封起来，使金属与大气隔离，恢复车身板件的防腐蚀性能。

图 20-7　飞石破坏的漆面　　　图 20-8　碰撞的漆面　　　图 20-9　焊接的漆面

❹ 车身修理中防腐蚀处理的注意事项

(1) 在焊接时清除涂层的面积要尽量的小，尽量少去除油漆膜。

(2) 除修理的零件外，不要刮伤其他板件的保护层。如果意外地刮伤了，就要采取补救防腐措施。

（3）在车身修理过程中对板件夹紧或固定时，夹具会刮伤板件的防腐涂层，修理完毕后要对此部位进行防锈蚀处理。

（4）磨削、切削或焊接板件时，在其邻接的油漆表面及周围区域盖上保护罩以防止火焰或金属屑导致防腐涂层损坏。

（5）用纸胶带把车身的门槛及类似部位的任何开口处盖好以免在磨削、切削或焊接时进入金属屑，影响板件的防腐。

（6）把车身内的任何金属屑完全除去。要使用真空吸尘器来吸除金属屑，不能用压缩空气，压缩空气会把铁屑吹到角落而堆积起来。

（四）防腐操作

为了获得良好的车身防腐蚀性，必须从车身维修作业一开始至终束，每一步都做好防腐操作。合理的防腐操作，将有益于延长车身的使用寿命。

1 表面预处理

表面预处理是保证车身板件和其他金属板件能耐腐蚀的最重要的防腐操作步骤之一，没有正确的表面预处理（特别是裸露的金属），其他防腐操作做得再好也是徒劳无用。常用的表面预处理一般分为四个步骤。

（1）清洗污染物。

用除油剂和除蜡剂把带油脂的表面及其他污染物溶解除去，操作方法如图20-10所示。

把除油剂倒于清洁的除油布上，沿一个方向擦拭表面并充分湿润保持湿态，然后用另一块除油布擦拭表面以除去污染物，并需擦干表面。

（2）喷涂环氧底漆。

图20-10 清除油污作业

环氧底漆的主要作用是增加底板材表面和涂层之间附着力。用于钢结构防腐底漆则添加锌粉、防锈颜料等；用于铝材、镀锌件、不锈钢则用环氧锌黄底漆；一般汽车的钢板用环氧富锌底漆，平时我们统称环氧底漆，有自喷灌形式和调和形式两种，如图20-11所示。

a) 自喷灌形式

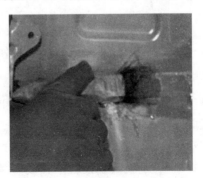
b) 调和形式

图20-11 喷涂环氧底漆

❷ 暴露的接缝

必须特别注意车身板件的接头和焊缝。这些地方很容易引起腐蚀，一定要保护好，这是由于在连接部位上有金属焊接的残留物及水、雪、尘土和泥浆的积聚而造成的。一般来说，所有的接头都要涂上车身密封剂，起到密封和保护作用，如图20-12所示。

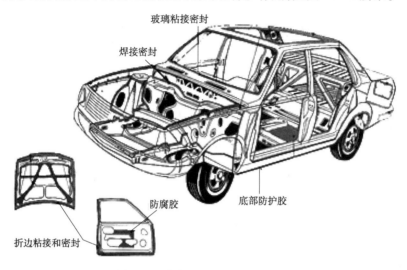

图20-12 车身暴露接缝处需防护位置

❸ 暴露的内表面

底部车身的底面和车轮罩内面会受到飞石的撞击损坏，以致发生锈蚀。可用吸振蜡等材料对这些部位进行底涂处理，如图20-13所示。

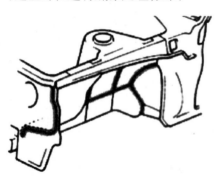 

a) 接缝部位涂胶防腐　　　　　　b) 暴露内表面整体喷涂防腐材料

图20-13 暴露的内表面防腐处理

车身内禁止喷涂吸振蜡等用于暴露表面的防腐材料，金属洗涤剂和转化涂层也不适用于内表面的防腐，原因有以下三个：

（1）这些表面不像外表面那样会直接损坏。

（2）这些部位的接头和接缝不宜被自腐蚀和转化涂层的化学物质污染，一般很难冲洗干净。

（3）它们会在乘客舱中产生有害的气味。

(五)暴露的外表面

暴露的外表面经受飞石冲击的概率比内表面大,在处理时使用刻蚀和转化涂料对外表面来说是很重要的。转化涂层具有类似超级油漆膜的黏合作用,在受到飞石冲击后能阻止膜下锈蚀的蔓延。暴露的外表面有两种类型:装饰用板件和车身下部板件,如图20-14所示。

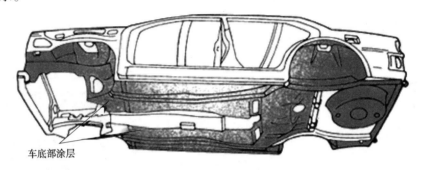

图 20-14　车身底部重要的防腐部位

二　任务实施

❶ 准备工作

(1)完成车门外皮更换作业,折边处未做防腐处理的车门1个。
(2)安装上钣金胶的气动胶枪1套。
(3)钣金工作台。

❷ 技术要求与注意事项

(1)作业前检查设备及清理场地,场地周边不能堆放杂物,整理油、气管路,防止操作时挤压管路。

(2)车门折边处裸露在外,施涂密封胶的外观质量要求较高,一般需涂覆成宽6～8mm,厚1.5～2.0mm 的均匀条状形态。

(3)防腐作业前,完成折边作业的车门需放于钣金工作台上,由于车门外皮面积较大且板件厚度较薄,容易产生变形,一定要做好相应的保护措施。

(4)环氧底漆属于挥发性溶剂,作业前需作好呼吸系统、身体四肢、眼部等的安全防护工作。

❸ 实训器材

| 棉丝手套 | 橡胶手套 | 美工刀片 | 钣金工作台 | 气动胶枪 |

续上表

钣金胶(西卡)	燕尾胶嘴			

❹ 操作步骤

一、清洁工件作业	
清洁工件 提示： (1)完成车门外皮更外作业的车门,折边区域使用除油布配合专用除油剂进行清洁作业； (2)清洁作业时,要干湿除油布交替擦拭,先湿后干	
二、胶嘴匹配	
1. 切割胶嘴 提示： 根据折边的宽度和位置,参照相应的标注使用美工刀对胶嘴进行切割	
2. 对比 提示： (1)切割完毕的燕尾胶嘴与折边需打胶的位置进行对比,如果胶嘴宽度合适,就可进行防腐打胶作业,否则需进行修整； (2)钣金密封胶密封不同位置,有不同的宽度要求,折边密封一般宽度要求为6~8mm,厚度要求为1.5~2mm	
三、防腐作业	
1. 环氧底漆防腐 提示： (1)利用软毛刷,将调配好的环氧底漆刷涂于折边区域； (2)环氧底漆刷涂时,要求完全覆盖折边裸露区域； (3)刷涂环氧底漆时,要做好的相应的防护工作	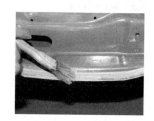

续上表

三、防腐作业	
2. 气动胶枪调整 提示： 钣金胶施涂前，需对气动胶枪的气体流量进行调节，确保胶枪施涂作业时，不会出现断胶现象	
3. 试走枪 提示： 调节完毕的胶枪，需进行试走枪，确定维修人员的站位，移动的速度，车门边缘走枪过程是否会出现卡滞现象等	
4. 钣金胶防腐 提示： 沿着折边位置打出均匀的胶条，打胶过程要一气呵成	
四、7S 整理	
7S 整理 提示： 按照 7S 管理标准，整理操作工位及场地	

三 评价与反馈

❶ 自我评价

（1）通过本任务的学习你是否已经掌握以下内容：

①钣金表面腐蚀是如何产生的？

②钣金表面防腐有几种类型？

③车门折边处的防腐流程有哪些步骤？

(2)实训过程完成情况如何？

(3)通过本任务的学习,你认为自己的知识和技能还有哪些欠缺？

签名：_____   _____年___月___日

❷ 小组评价

序号	评价项目	评价情况
1	着装是否符合要求	
2	是否能合理规范地使用仪器和设备	
3	是否按照安全和规范的流程操作	
4	是否遵守学习、实训场地的规章制度	
5	是否能保持学习、实训场地整洁	
6	团结协作情况	

参与评价的同学签名：_____   _____年___月___日

❸ 教师评价

教师签名：_____   _____年___月___日

四 技能考核标准

钣金表面防腐知识考核表
满分100分　　考核时间为20min

序号	项目	操作内容	规定分	得分
一	安全防护	操作时不戴手套(棉丝手套、胶手套)	3	
		操作时不戴护目镜(戴眼镜不扣)	3	
		操作时不戴相应口罩	3	
		操作时不穿安全鞋	3	
二	工具使用规范	未正确使用软毛刷	5	
		未正确使用美工刀	5	
		未正确使用气动胶枪	5	
三	防腐操作	未使用正确方法切割燕尾胶嘴	10	
		打胶前未试走枪	10	
		打胶前未刷涂环氧底漆	10	

续上表

序号	项目	操作内容	规定分	得分
四	质量控制（35分）	环氧底漆未刷涂长度超过5mm一处，扣5分，扣完为止	35	
		折边处密封胶宽度未在6~8mm长度超过5mm一处，扣5分，扣完为止		
		折边处密封胶厚度未在1.5~2mm一处扣5分，扣完为止		
五	车间7S管理	是否大声吵闹	2	
		是否乱扔垃圾	2	
		是否安7S标准整理工位及场地	4	
总分			100	
教师签名：				

参考文献

[1] 刘亮. 车身修复(模块F)[M]. 北京:人民交通出版社,2008.
[2] 达菲. 沙夫. 汽车车身维修技术[M]. 吴友生,译. 北京:高等教育出版社,2006.
[3] 庄志,李玉香. 现代轿车车身的构造与修复[M]. 武汉:湖北科学技术出版社,2000.
[4] 屠卫星. 汽车维修钣金工实用技术手册[M]. 南京:江苏科学技术出版社,2007.
[5] 谢康. 汽车钣金工艺[M]. 北京:人民交通出版社,2002.
[6] 韩星. 汽车车身修复技术[M]. 北京:人民交通出版社,2009.
[7] 黄平. 汽车车身修复技术[M]. 北京:人民交通出版社,2006.
[8] 卢圣春. 汽车钣金修整培训教程[M]. 北京:化学工业出版社,2008.
[9] 韩星. 汽车车身修复技术[M]. 北京:人民交通出版社,2009.
[10] 臧联防. 汽车维修与保养[M]. 北京:汽车维修与保养网,2009.
[11] 林育彬. 汽车钣金常见维修项目实训教材[M]. 北京:人民交通出版社,2011.